W0083090

Klarheit, Ruhe und Raum zum Atmen - über die wunderbare Wirkung von Zwischenräumen.

Fernab aller Trends nimmt uns die Zen-Meisterin mit auf eine inspirierende Reise des Zwischenraums, der Klarheit und der erfüllenden Ruhe. In Tokio geboren und mit der japanischen Kultur eng verbunden, erzählt ehemalige Professorin für Japanologie klug, klar und inspirierend von eigenen einschneidenden Änderungen in ihrem Leben, die sie den Weg des Zen haben weitergehen und die schiere Kraft des Zwischenraums erfahren lassen. Wer sich auf das Innehalten einlässt, kommt zu Atem, nimmt sich Druck und erlebt, dass sich gerade im Nichtstun etwas ereignet, das den Blick verändert und Lösungen möglich macht.

DR. FLEUR SAKURA Wöss wurde in Tokio geboren zur Zeit der Kirschblüte. Daher stammt der Name Sakura, Kirschblüte. Studium der Japanologie und Buddhismuskunde in Wien und Tokio. Sie forschte und lehrte vierzehn Jahre an der Universität Wien verschiedene Aspekte der japanischen Gesellschaft, Philosophie und Religionen, studierte Japanologie, Buddhismuskunde und Sanskrit und lebte und forschte mehrere Jahre an japanischen Universitäten und als Wissenschaftlerin in einem buddhistischen Tempel. Fleur Wöss unterrichtet Zen im Zen Meditationszentrum, Misho-an, "Tempel des Lächelns", in Wien. Sie arbeitet als Zen-Coach sowie als Vortrags-und Präsenz-Coach und schreibt regelmässig "Fleur's Zen Blog".

Fleur Sakura Wöss

Innehalten

Zen üben – Atem holen – Kraft schöpfen

btb

Inhalt

Vorwort

Sie halten, liebe Leserin und lieber Leser, das Buch einer außergewöhnlichen Frau in den Händen. Fleur Wöss ist Zen-Lehrerin und Coach mit einem in der Wissenschaft geschulten Geist: ein Mensch mit einem großen inneren Reichtum. Jede dieser Facetten bereichert dieses Buch.

Fleur ist ein leiser Mensch, eine nachdenkliche, introvertierte, also eine nach innen gerichtete Person. Die Kraft, die sich aus der Stille speist, begegnet ihr in der täglichen Zen-Meditation. Sie hat die Zwischenräume, von denen sie schreibt, für sich selbst geschaffen und ist damit das allerbeste Beispiel dafür, wie grundlegend Ruhe, Geduld und gelenkte Beharrlichkeit unser Leben verändern können. Wie nur wenige andere Menschen ist Fleur in der Lage, die befreiende Gelöstheit der »meditativen Versenkung« – das ist die wörtliche Bedeutung des Wortes Zen – in Worten zu vermitteln, obwohl dies scheinbar ein Widerspruch ist.

Als Zen-Lehrerin begleitet sie Menschen, die Atem holen und Kraft aus der Ruhe schöpfen wollen. Sie zeigt, wie wichtig es ist, sich der ständigen Reizüberflutung in unserem Leben zu entziehen. Sie fragt danach, wie sich Innehalten gestalten lässt – in einer Welt, in der dies eigentlich gar nicht vorgesehen ist. Gerade deshalb ist es ein spürbares Anliegen dieses Buches, dass Sie das, was Sie lesen, gut in Ihre eigene Lebenspraxis umsetzen können. Sie werden beim Lesen immer wieder Hinweise finden, die es Ihnen erleichtern, Ihre persönlichen Erfahrungen mit der Stille zu machen. Das ist wichtig, denn wenn Sie sich auf diesen Weg begeben, dann tun Sie etwas, das in unserer Zeit richtig revolutionär ist und bei allem Guten, das aus ihm erwächst, nicht ganz einfach zu leben ist. Probieren Sie die Übungen einfach Stück für Stück aus!

Nicht zuletzt ist dieses Buch auch eine Autobiografie. Sehr persönlich erzählt Fleur von ihrem eigenen Lebensweg. Sie finden hier immer wieder kleine Geschichten und Berichte, aufrichtige Zeugnisse einer Entwicklung, die auf den großen Kulturachsen Asiens und der westlichen Welt verlief, äußere wie innere Stationen. Kurz: Sie erfahren etwas aus dem Leben einer ungewöhnlichen Frau, die ihren eigenen Weg aktiv gestaltet, indem und gerade weil sie ihn wach und gleichzeitig in tiefer Ruhe geht.

Sie merken schon: Dieses Buch besteht eigentlich aus mehreren Büchern. Es ist ein feines Geflecht, das uns das *ma* nahebringt, diesen Zwischenraum zwischen Dingen und Ereignissen, Materie und Geist, Räumen und Zeiten.

Freuen Sie sich auf viele inspirierende Gedanken und Geschichten. Und dann gehen Sie auf die Suche nach Ihren ganz eigenen Zwischenräumen! Wir wünschen Ihnen von Herzen viele reiche und heilsame Erfahrungen auf diesem Weg.

Dr. Sylvia C. Löhken
Coach für introvertierte
Persönlichkeiten
www.intros-extros.com

Tom Peters
Pianist und Komponist
www.tompeterspiano.de

1

Der unterschätzte Zwischenraum

»Es ist der Zwischenraum, der das Ganze ausmacht«, sagte meine Mutter. Als Kind hatte ich ihr zugesehen, wie sie in einer flachen Schale Blumen arrangierte. Sie liebte die minimalistische Art, einzelne Blumen in Szene zu setzen. Sie hatte das schon vor meiner Geburt von einer Blumensteckmeisterin gelernt, als sie in Tokio Musikwissenschaft unterrichtete.

Sie erklärte mir immer wieder, dass es auf den Zwischenraum ankäme. Die Schönheit einer einzelnen Blüte käme durch das Auslassen von etwas anderem besser zur Geltung. Würde man viele Blumen überall hinstellen, verlöre die Gesamtkomposition ihren Rhythmus. »Aha«, dachte ich mir damals als Zehnjährige, »offenbar kann man sogar bei etwas Kleinem wie bei einem Blumengesteck Dinge verschieden sehen.«

Später, zu Beginn meiner Studienzeit als Japanologin, betrat ich dennoch eine völlig fremde Gedankenwelt. In Japan, brachte sie mir bei, sei das Ungesagte, das Ungeschriebene und das Nichtfassbare oftmals wichtiger als das Konkrete, Sichtbare und Ausgesprochene. Um in Japan »mitreden zu können«, sei es wichtig, die Pausen zwischen den Worten zu beachten, die Nuancen fast unmerklicher Mimik zu deuten und die Leere, den Zwischenraum interpretieren zu lernen.

Ich fand das sehr geheimnisvoll und faszinierend. Das

Weglassen des Geplanten und des Ausgefüllten bedeutet Offenheit für Ungeplantes. Dazu bedarf es des Innehaltens. Es bedarf des Zwischenraums zwischen dem ansonsten Ausgefüllten.

Das Prinzip »Alles ist möglich« scheint heute in Europa ein Leitgedanke zu sein. Eine Woche Urlaub auf den Malediven ist für viele Menschen kein Problem. Mit Delfinen zu schwimmen, ist im Urlaubspaket inbegriffen. Mit ein bisschen Training kann man heute den Mount Everest besteigen, einen Marathon laufen oder über glühende Kohlen gehen.

Was früher nur einige Auserwählte tun konnten und durften, ist im heutigen Alltag des Durchschnittsbürgers angekommen. Tausende von Büchern predigen, dass alles für jeden einzelnen erreichbar sei – vorausgesetzt, man setze sich ein Ziel und verfolge es konsequent. Und doch – bei all diesen Möglichkeiten! – fehlt den meisten Menschen nicht etwas? Sie scheinen nicht zufriedener als früher zu sein, an Stress und Burnout wird immer häufiger und in erschreckendem Maße gelitten. Haben da manche zu viel gewollt? Oder ist es ein Phänomen der Zeit? Haben wir etwas übersehen?

Wenn wir uns zu Weihnachten mit Karpfen, Weihnachtsgans und Süßigkeiten vollstopfen, dann fühlen wir uns anschließend nicht wohl. Der Körper braucht Zeit, die Üppigkeiten zu verdauen, und Zeit, um sich zu erholen. Wenn wir zwölf Stunden auf den Computermonitor starren, weil ein Projekt dringend fertiggestellt werden muss, dann tun uns die Augen weh, wir sind steif und brauchen Bewegung und Abwechslung.

Wenn ich ein Haus geerbt habe und alle übernommenen Möbel in meine Wohnung stellen muss und mich nicht mehr darin bewegen kann, dann geht der Sinn der Möbelstücke verloren. Alle diese Beispiele lassen mich schreien: »Das ist uns zu viel! Zu viel, zu viel, zu viel!« Heute trifft das auf viele Bereiche unseres Lebens zu. Zwischen den Aktivitäten, Zielen und all den anderen wichtig scheinenden Dingen gibt es etwas, das droht, verloren zu gehen. Etwas, das zwischen allem wirkt, jedoch unsichtbar und nicht greifbar ist. Ich nenne es, meiner Mutter folgend, Zwischenräume. Wie dankbar bin ich ihr heute, dass sie mich diese Weisheit auf einfache und schlichte Weise gelehrt hat!

Als ich im ersten Studiensemester das Tao Te King – die grundlegende Schrift des chinesischen Philosophen Laotse – las, begegnete mir im Vers elf zum ersten Mal konkret die Idee, dass dort, wo »nichts« ist, der Sinn eines Gegenstandes liegen kann:

»Dreißig Speichen vereinen sich in der Nabe des Rades. Doch erst die Leere in der Mitte lässt das Rad sich drehen. Aus Lehm werden Gefäße geformt. Doch erst die Leere gibt dem Gefäß den Sinn. Türen und Fenster werden durch die Mauer gebrochen, um ein Zimmer zu bauen. Doch nur indem das Zimmer leer ist, ist es als Zimmer zu gebrauchen. Der Sinn von allem, was vorhanden ist, kommt nur von dem, was nicht vorhanden ist.«[1]

Als ich das gelesen hatte, sah ich mich in meinem Zimmer um, und ja, ich musste erkennen, dass da was dran war. Selbstverständlich ist es wichtig, dass ein Zimmer Wände hat. Und auch Möbel haben ihre Funktion. Doch so unaufgeräumt wie mein Studentenzimmer normalerweise aussah, konnte ich es als »Wohnzimmer« nicht gebrauchen, sondern eher als »Ablageort«. Ich konnte weder hindurchgehen, ohne über Bücherstapel zu stolpern, noch mich mit Freunden auf den Boden setzen, ohne vorher aufzuräumen. Das, *was nicht ist*, nämlich der freie Raum, um das Zimmer benutzen zu können, fehlte.

Seither entdecke ich viele Beispiele dafür, dass das Konkrete, Materielle, *das, was ist*, nur eine Seite darstellt. Das, *was nicht ist*, kann jedoch genauso wichtig, manchmal sogar wichtiger sein. Heute, in der Zeit des »Alles ist möglich«, sind wir an einem Punkt angelangt, an dem wir für unser Überleben dem Leeren und den Zwischenräumen unsere Aufmerksamkeit schenken sollten. Wir brauchen eine Revolution der Leere.

Bis heute hat *das, was ist,* in unserer Kultur einen höheren Stellenwert. Nämlich einen so hohen, dass die zweite Seite, *das, was nicht ist,* gar nicht mehr wahrgenommen wird.

»Da ist ja nichts«, »da fehlt etwas«, das sind Sätze, die ich häufig höre. Ein leerer Raum ist für eine Europäerin, der die Möbel darin fehlen, nutzlos, für einen Japaner, der das Potenzial des leeren Raumes für Schlafen, Essen, Arbeiten mitdenkt, wunderbar. Es ist an der Zeit, über die Grenzen unserer Kultur zu schauen und die Dinge mal von einer anderen Seite zu betrachten. Der Zwischenraum wird uns dabei helfen.

Als ich vor einigen Jahrzehnten in die Schule ging, waren meine Lehrer noch ziemlich überzeugt, dass die Wirklichkeit fixen Naturgesetzen gehorcht und dass die Menschen grundlegend das Gleiche sehen, hören und schmecken.

Heute ist gar nichts mehr fix. Wir entdecken nach und nach, dass verschiedene Kulturen Dinge verschieden sehen. Denn es kommt nicht nur darauf an, *was* wir wahrnehmen, sondern, *wie* wir es deuten.

Was ist innen, was ist außen?

Vor einigen Jahren saßen mein Mann Paul und ich in der Bahn von Frankfurt nach Österreich. Gegenüber saß ein altes Ehepaar, das sich angeregt unterhielt und uns sehr schnell in ihr Gespräch mit einbezog. Die Dame, so erfuhren wir im Laufe des Gespräches, war 87, ihr Mann 96 Jahre alt. Beide waren Wissenschaftler. Sie, Anneliese Pontius, Professorin für

Neurologie und Psychiatrie an der Harvard Medical School, war auf dem Weg nach Wien, wo sie an der Universität einen Vortrag halten sollte. Er, Chemiker, Dieter Pontius, Professor für Biochemie in New York, begleitete sie.

Es war die interessanteste und vergnüglichste Bahnfahrt unseres Lebens, und die sieben Stunden vergingen wie im Fluge. Anneliese erzählte, sie sei eine von 27 Forschern gewesen, die zum ersten Mal mit einem Volk in Papua-Neuguinea Kontakt aufnehmen konnten, die Chance dazu war allerdings lebensgefährlich gewesen. Die Eingeborenen hatten bis dahin jeden umgebracht, der nicht zu ihrem Volk gehörte.

Anneliese Pontius überlebte die Forschungsreise. Warum bringen diese Papua-Neuguineer jeden um, der sich ihnen nähert? Das war die Frage, die sie danach hauptsächlich beschäftigte. War es nur blinde Feindseligkeit, oder könnte es andere Gründe dafür geben? Im Laufe der Forschungen fand sie heraus, dass die dortigen Eingeborenen tatsächlich die Weißen anders *sahen* und sie gar nicht als menschliche Wesen erkannten! Und sie entdeckte, dass das auf eine neuronale Abkürzung zurückging, die sich in den Schaltungen im Gehirn gebildet hatte. Diese beschleunigte die Wahrnehmung der Steinzeitmenschen um 250 Millisekunden, da sie sich den Umweg über den Neocortex ersparte. Dadurch konnten sie viel schneller Gefahren wie gefährliche Schlangen erkennen, und das konnte ihnen im Dschungel das Leben retten.[2] Diese Abkürzung ging jedoch auf Kosten einer anderen Fähigkeit, nämlich, fremde Gesichter differenziert zu erkennen.

Unterschiedliche Kulturen können vollkommen verschieden wahrnehmen, je nach ihren Lebensbedingungen, das hatte ich auf dieser Bahnfahrt aus erster Hand gelernt.

Wahrnehmungsunterschiede beschränken sich nicht auf das Sehen, sondern treten genauso beim Hören und damit beim Spracherwerb auf. Eine Asiatin, in deren Sprache kein

Unterschied zwischen R und L gemacht wird, müht sich ab, im Deutschen einen Unterschied herauszuhören. Für sie ist das Wort »relativ« von »lerativ« nicht zu unterscheiden, trotz genauen Hinhorchens und auch, wenn sie zwölf Jahre und länger in Deutschland gelebt hatte.

Umgekehrt höre ich bis heute nur mühsam Unterschiede im Japanischen heraus. Das Wort »hashi« kann »Brücke oder Essstäbchen« bedeuten, je nachdem, wie es betont und moduliert wird. Meine »Schweinsohren« haben schon bei vielen Japanern Heiterkeit ausgelöst, ich habe den Unterschied einfach nicht heraushören können.

Bei der Geburt steht uns alles offen. Doch je älter wir werden, desto definierter werden wir. Wir lernen eine Sprache und keine andere. Wir lernen, wie bei uns zu Hause Dinge gemacht werden und was wichtig ist und was nicht. Dadurch werden wir in unserer Umgebung lebensfähig, gleichzeitig aber auch begrenzter.[3]

Denn oft werden diese Begrenzungen zum Gefängnis. Dann sollten wir uns fragen, ob unsere Wahrnehmung der Wirklichkeit und unsere Einschätzung, was wir für unser Glück im Leben brauchen, noch immer gültig ist. Oder können wir ein klein wenig mehr Gelassenheit, innere Ruhe und Stille gebrauchen?

Was können wir an unserem hektischen Leben verändern, um Mensch zu bleiben, freundlich, gelassen und in der Mitte ruhend?

Kehren wir zurück zum Zitat von Laotse. Der Krug besteht aus Wänden aus Keramik und dem Hohlraum, in dem Wasser aufbewahrt werden kann. Das Rad ist aus Speichen gebaut, die kreisförmig um eine Nabe gruppiert sind. Dazwischen ist nichts außer Luft. Was ist wichtiger: das Materielle, das man angreifen kann, oder das Unsichtbare, der Zwischenraum?

In Europa sehen wir eher die Speichen als wichtiges Element eines Rades und nicht so sehr die Zwischenräume. Die festen Wände des Kruges sind für uns wichtiger als der Hohlraum, den man füllen kann.

Dieser auf den ersten Blick unwesentliche Unterschied hat weitreichende Folgen für die Gesellschaft, für die Politik und für das individuelle Leben.

In vielen Bereichen unseres Lebens hat *das, was ist,* überhandgenommen. Ich spreche hier nicht nur von der Materie, denn genauso fallen da Informationen, Ideen, Vorgaben, Ziele und anderes hinein. Demgegenüber sind uns die Freiräume in den vergangenen Jahrzehnten mehr und mehr abhandengekommen.

Die Gesetze kommen nicht nach, Freiräume zu schützen – dort wo sie überhaupt als solche als wichtig erachtet werden. Denn es gibt keine Lobby für Stille und keine Lobby für eine lichtfreie, dunkle Nacht und keine Lobby für den Himmel. Daher bleibt die Maxime: Wo nichts ist, kann man etwas hintun.

Ich sitze zum Beispiel gerne auf meinem Balkon. Da habe ich viel blauen Himmel über mir und sehe die Wipfel der Nachbarsbäume. Jedes Mal, wenn ich mich dorthin setze, wird meine Seele weit, und ich spüre die Leere und Freiheit über dem Kopf. Keine Häuserwände, keine Menschenmassen, keine Plakatwände. Nur der Himmel und ich. Doch ist er wirklich leer? Nein. Denn Flugzeuge donnern im Minutentakt über meinen Kopf hinweg. Selbst bei schönem Wetter flüchte ich oft in mein Haus, weil die Beschallung unerträglich wird. Auch der Autoverkehr nimmt von Jahr zu Jahr zu. Die Straßen vor meinem Haus und hinter meinem Haus entwickelten sich mit den Jahren zu Durchzugsstraßen, auf denen in einer endlosen Reihe Autos von 6 Uhr früh bis 22 Uhr in der Nacht fahren.

Was ist verloren gegangen? Es ist der Freiraum der Luft, der Freiraum der Stille. Denn wo nichts ist, kann man etwas hintun. Erst wenn die Stille und der leere Himmel verloren gegangen sein werden, werden wir merken, dass dort, »wo nichts war«, etwas gewesen ist. Dann wird es zu spät sein.

Ich beginne hier keine philosophische Abhandlung über die Gründe und Hintergründe dieser Entwicklung. Digitalisierung und Globalisierung müsste ich da wohl anführen, Säkularisierung und Industrialisierung. Eines ist jedenfalls klar: Solange es Grenzen der Machbarkeit gegeben hatte und feste Regeln des Zusammenlebens, solange waren Strukturen vorhanden, die Freiräume und Frei-Zeiten geschützt haben. Heute leben wir in anstrengenden Zeiten. Denn es ist zwar alles möglich, doch jeder muss sich selbst seine Lebensstrukturen und die Freiräume dazwischen schaffen und auch schützen.

Freiräume statt Druck

Viele Menschen, die in ein Zen-Seminar kommen, klagen über Stress und Überforderung. In einem Gruppengespräch über dieses Thema bat ich vor einiger Zeit die Seminarteilnehmer niederzuschreiben, welche Dinge sie konkret Kraft kosten. Auf der Flipchart stand Folgendes:

- viel Verkehr und Lärm,
- wenn alles auf einmal passiert und erledigt werden muss,
- innere Zerrissenheit,
- Überforderung,
- kontinuierliches Zerren (von außen) an den eigenen Kräften,
- Zeitdruck,

- Ablenkungen vom eigentlichen Vorhaben,
- Notwendigkeit, sich trotz vieler Inputs konzentrieren zu müssen,
- die Erwartungen anderer erfüllen zu müssen.

In der Diskussion wurde der entsetzliche Druck von außen offenbar, der heute auf den Menschen lastet. Es gibt zu viel von allem. Zu viele Informationen, zu viele Menschen, zu viel Lärm, zu viele Anforderungen, zu viel Zeitdruck.

Danach stellte ich die Frage umgekehrt: »Was gibt euch Kraft?« Da kam: Spaziergänge im Wald, bergsteigen, Musik hören, singen, Stille, Natur, Freiheit, die Möglichkeit, eines nach dem anderen tun zu können, Wertschätzung, gelassenes Tun.

Der Unterschied zwischen den beiden Antwortlisten scheint groß. Sie sind jedoch nur zwei Seiten derselben Medaille.

»Einfach in Ruhe zu arbeiten«, das wünschen sich viele.

Hinter diesem Wunsch verbirgt sich die Sehnsucht, selbstbestimmt und im eigenen Rhythmus arbeiten zu können. Kraft geben den Menschen daher Tätigkeiten, in denen sie ihren eigenen Rhythmus leben können.

Die Naturliebhaber: wenn sie in Stille und Freiheit sein können, ob im Wald, in den Bergen oder allgemein in der Natur. Als Spaziergänger im Wald will der Wald nichts von Ihnen. Die Bäume legen nicht die Hand auf die Schulter und sagen: »Frau Meyer, das müssen Sie schon noch erledigen.« Die Blumen urteilen und mäkeln nicht: »Das hättest du besser machen können.« In der Natur können Sie einfach Sie selbst sein.

Diejenigen, die in der Musik Kraft finden, können beim Musikhören »ausschwingen« und für sich sein. Denn da ist nichts. So ist es auch mit dem Singen. Singen macht nur Spaß, wenn kein Lehrer Ängste schürt und mahnend sagt: »Sing nicht so falsch.«

Und diejenigen, die in der Arbeit eines nach dem anderen in ihrem eigenen Tempo erledigen möchten, erhalten Kraft, wenn sie in einem wertschätzenden Raum arbeiten, ohne dass jemand von außen Druck auf sie ausübt.

Es ist das Gefühl des Freiraums, in dem niemand etwas will, niemand urteilt, niemand ihren persönlichen Raum verletzt. Nur dann haben Menschen Luft zum Atmen.

Zunehmend mehr Menschen vermissen genau diesen Freiraum, für den wir hier in Europa kein adäquates Wort haben. Doch genau dieser Freiraum, ob es jetzt eine Stunde im Wald oder eine Stunde Meditation ist oder der Genuss der dritten Symphonie Beethovens, genau dieser Freiraum gibt uns Kraft.

Der Freiraum hat keine eigene Entität, deshalb übersehen wir ihn leicht. Er lässt sich ohne Widerstände beschneiden, und wir denken vielleicht: »Ach, heute brauche ich meine Pause nicht«, oder: »Heute nervt die Arbeit halt, morgen wird es schon besser werden.« Schleichend kommt uns der Freiraum abhanden. Wir bemerken erst viel später den Verlust, wenn wir ausgelaugt und lustlos sind. Denn der Freiraum ist jener Raum, der uns mit unseren tiefsten Quellen verbindet, mit unserem Potenzial.

Erschöpfungszustände, in denen wir nur noch auf allen Vieren zu unserem Schreibtisch kriechen, machen uns unkreativ und umsetzungsschwach.

In der Mathematik gibt es eine Parallele zu dem, was ich verdeutlichen will, nämlich die Ziffer Null. In der heutigen digitalen Welt basiert alles auf der Kombination von 0 und 1. Ohne Null können wir uns unsere Technik und Naturwissenschaft nicht mehr vorstellen. Doch im europäischen Mittelalter war die Null als Ziffer des Nichts und der Leere lange Zeit unbekannt, und es war unbegreiflich, dass eine (Nicht-)Größe ohne eigene Mengenwertigkeit etwas bewirken könne.

Was die Null uns lehrt

Vor vielen Jahren hat mir mein Deutschlehrer im Gymnasium ein Buch in die Hand gedrückt, in dem die Reise der Null über die arabische Kultur nach Europa beschrieben wird.[4] Sofort war ich von der Idee fasziniert, wie ein »Nichts« die Denkweise des ganzen europäischen Kontinents auf den Kopf stellen konnte – und dass ein Symbol, das für sich selbst keinen Stellenwert hat, alles andere, nämlich *das, was ist,* vervielfachen (und mithilfe eines Kommas verkleinern) kann.

Vor einigen Jahren wurde die Geschichte der Null neu geschrieben. Der Autor Robert Kaplan unterrichtet Mathematik, Philosophie, Griechisch und auch Sanskrit und verarbeitet in seinem Buch geschichtliche, literarische und religiöse Quellen des Ostens und des Westens.

Die Null war in Europa bis in die Renaissance unbekannt gewesen. Kaplan geht zwar Hinweisen nach, die nach dem Feldzug Alexander des Großen nach Indien eine ähnliche Symbolik in der Astronomie und auf griechischen Rechenbrettern aufspüren. Möglicherweise hatten sogar die Inder die Idee von den Griechen übernommen. Danach war die Null jedoch ein Jahrtausend lang vollkommen vom europäischen Kontinent verschwunden.[5]

In Indien taucht sie schließlich im 8. Jahrhundert auf. Das Buch »Siddhanta des Brahmagupta« wird im Jahre 776 ins Arabische übersetzt. In diesem Buch wird die Null in einer Reihe mit den anderen »arabischen« Ziffern aufgezählt. Al-Chwarizmi, der arabische Mathematiker, der später dem Algorithmus seinen Namen geben sollte, schrieb ebenfalls im 8. Jahrhundert sein Rechenbuch »Liber algoritmi«, das Grundlagenwerk der Arithmetik in Europa. So erreichten schließlich die indischen Ziffern, die hier arabische Ziffern genannt wurden, einschließlich der Null, Europa.

Erst 400 Jahre später entdeckte ein Händler, Leonardo da Pisa, auch Fibonacci genannt, die Null für den praktischen Gebrauch. 1202 schrieb er als 23-Jähriger in seinem Buch »Liber abaci«: »Die neun Zahlzeichen der Inder sind diese: 9 8 7 6 5 4 3 2 1. Mit ihnen und mit diesem Zeichen 0, das arabisch *sifr* heißt, kann jede beliebige Zahl geschrieben werden.«[6]

Ihr praktischer Nutzen verhalf schließlich der Null zum Durchbruch. Mit ihr wurden zum ersten Mal komplizierte Rechenarten wie Multiplizieren und Dividieren, Bruchrechnen und die Zinseszinsrechnung möglich. Wiederum 100 Jahre später, im 14. Jahrhundert, begann sie mit der doppelten Buchführung das Wirtschaftsleben zu erobern. Soll und Haben wurden in parallele Spalten auf einer Buchseite eingetragen. Betrug die Differenz zwischen beiden Null, war das Konto ausgeglichen. Dadurch wurden negative Zahlen so real wie positive, und die Null erhielt den Stellenwert eines Balancepunktes zwischen negativen und positiven Mengen.[7] Sie war dadurch das Zünglein an der Waage geworden. Der englische Schriftsteller Thomas Usk schrieb Anfang des 15. Jahrhunderts, die Null habe keine eigene Bedeutungsmacht, sie verleihe diese jedoch anderen.[8]

Anders ausgedrückt: Das, *was nicht ist*, gibt dem, *was ist*, Bedeutung.

Allerdings herrschte gegen diese neue Ziffer großes Misstrauen, denn sie öffnete Betrügern Tür und Tor. Sie mussten nur im Nachhinein eine Null einfügen, und der Wert einer Summe konnte sich verzehnfachen. Das war gefährlich. Daher verlangten viele Banken, dass Summen in Wörtern statt in Zahlen ausgedrückt werden müssen. So kam es, dass der Null noch Jahrhunderte lang das Ansehen der Unehrlichkeit anhaftete. 1594 warnte eine Vorschrift Antwerpener Kaufleute generell, Ziffern in Verträgen oder Wechseln zu verwenden.[9] Bis heute ist es üblich, auf Schecks oder Kaufverträgen die Summe zusätzlich in Wörtern auszuschreiben.

Die tiefsitzende Angst vor Ketzerei war eine weitere Hürde, die lange Zeit der Null im Wege stand. Sie war aus dem Orient nach Europa gekommen. Alles, was aus dem Osten kam, galt als besonders gefährlich, war er doch Heimstatt alter und mächtiger Ketzereien. Wenn Irrglauben und die Null aus dem Osten kamen, dann waren sie beide bedrohlich. Dem Sein Gottes, dem »Alles«, stand die Leere und die Null entgegen und wurde von den damaligen Christen mit dem Teufel gleichgesetzt.[10] »Teufelszeichen« wurde die Null auch genannt. Vor allem Fromme hassten sie. Es muss für die Menschen damals sehr verwirrend und kompliziert gewesen sein zu begreifen, dass »nichts« etwas sei und vor allem so viel bewirken könne.

Im Jahre 1620 predigte der Dichter und anglikanische Priester John Donne von seiner Kanzel: »Je weniger etwas ist, desto weniger kennen wir es. Was für ein unsichtbares, unverständliches Ding also ist dieses Nichts.«[11]

Den Durchbruch schafften die arabischen Zahlen einschließlich der Null erst mit der französischen Revolution, rund 600 Jahre nachdem Fibonacci begonnen hatte, mit ihr zu rechnen. Der Abakus wurde als Zeichen der alten Knechtschaft abgeschafft und die leichter verständliche und daher »demokratische« Arithmetik eingeführt. Damit war die Null endlich offiziell in Europa angekommen.[12]

Heute stehen und fallen mathematische und physikalische Theorien mit der Null. Gemeinsam mit der Eins steuert sie Computer, Kraftwerke und U-Bahn-Systeme. Ohne sie wäre die heutige Welt nicht vorstellbar. Und doch bewerten wir auch heute noch die Null negativ.

Wie oft hat schon jemand über eine andere Person gesagt: »Er ist eine Null.« Diese Redensart scheint schon älter zu sein, denn sie taucht schon 1838 im Wörterbuch von Jacob und Wilhelm Grimm auf.[13]

Ganz anders verwenden wir die Eins. Wenn jemand »wie eine Eins hinter dem Programm des Bürgermeisters« steht, ist damit »standfest und entschlossen« gemeint. Eine Formulierung wie »Das System läuft wie eine Eins« bedeutet, es läuft tadellos, perfekt. Die Eins als *etwas, was ist* ist in unseren Köpfen mehr wert als die Null, als das, *was nicht ist.*

Wird es wieder mehrere Jahrhunderte dauern, bis wir den Wert der Zwischenräume erkennen? Bis jetzt haben wir Zwischenräume und Zwischenzeiten als selbstverständlich begriffen, bald mag es nicht mehr so sein. Viele Dinge schätzen wir erst, wenn sie verloren gegangen sind. So wird Gesundheit und Wohlergehen erst dann kostbar, wenn wir Krankheit erfahren haben. Wie sehr wir unsere Mutter und Vater geliebt haben, erkennen wir erst, wenn sie von uns gegangen sind. So ähnlich ist es auch mit dem, *was nicht ist*, das eben nicht *Nichts* ist, sondern etwas freigehalten hat. Einen Raum, der in seiner Leere Potenzial entfalten kann.

Um dieses Potenzial wahrzunehmen, müssen wir genau hinschauen und unsere Grenzen im Kopf erkennen. Wahrscheinlich geht es Ihnen so wie mir. Sie sehen und handeln so, wie Sie es gelernt haben und wie Eltern, Lehrer und Ihre Freunde es von deren Eltern gelernt haben. Sie haben das Sehen, das Einordnen und Interpretieren als Teil Ihres sozialen Programms Ihrer Kultur einfach mitbekommen, ohne groß darüber nachzudenken. Viele Menschen sind sich dessen gar nicht bewusst, bis sich von außen etwas ereignet, das ihre Sichtweise infrage stellt. Das kann eine Krise sein, ein Aufenthalt in einer anderen Kultur oder eine Krankheit.

Sehen wir uns einmal die Vorstellungen an, was Erfolg ist. Erfolg wird in Industrienationen nach bestimmten Grundsätzen beurteilt. Da ist einmal der volle Terminkalender. Ein

Tag ohne Meetings, Termine und Agenda sieht schon sehr verdächtig aus! Je ausgefüllter die Zeit, desto mehr erliegen viele Menschen der Illusion, sie würden ihr Leben sinnvoll verbringen. *Das, was ist*, in Überfülle, das muss doch gut sein!

Eltern füllen dann neben ihrem meist anspruchsvollen Beruf auch die Terminkalender ihrer Kinder und damit ihre eigenen voll. Denn Tennis- und Klavierstunden, Fußballturniere und Kindergeburtstagsfeste wollen vorbereitet sein, und Transportdienste müssen geleistet werden. Die Koordination all dieser Aktivitäten würde alleine schon einen eigenen Sekretariatsposten erfordern!

»Zu viel« ist zu wenig an »nichts«

Für mich war immer klar, dass ich alles, was das Leben mir bietet, mitnehmen will, wirklich alles. Studieren wollte ich sowieso, einen tollen Job und Karriere waren selbstverständlich. Ich wusste, dass das bedeutete, viel Leistung zu erbringen. Ich liebte Herausforderungen und war völlig überzeugt, dass ich alles schaffen könne. Neben Anerkennung im Job waren Partner, Familie und ein volles Urlaubsprogramm Teil meiner Lebensplanung.

Vielen geht es heutzutage ähnlich. Das bedeutet für gut Ausgebildete nicht nur acht Stunden am Tag zu arbeiten, sondern oft noch lange darüber hinaus. Denn die Konkurrenz ist groß, und um die Ecke wartet der nächste Kandidat, der den Job gerne womöglich mit weniger Ansprüchen macht und mit noch mehr Einsatz.

Gleichzeitig wollte ich Familie, obwohl ich mir nicht sicher war, wie ich neben dem aufreibenden Job auch noch Partner, Haushalt und Kinder schaffen sollte. Denn bei anderen jungen Müttern und in den Medien sah ich, was alles dazugehört: die Ballettstunden der Tochter, der Fußballverein des Sohnes, das alles muss bei der Entscheidung, eine Familie zu haben, bedacht werden. Haben junge Frauen, wie ich es war, mal eine Stunde Freizeit, dann blättern sie womöglich noch in den Frauenzeitschriften, die ihnen erzählen, wie sie ihren Balkon bepflanzen und die Osterdekoration am Frühstückstisch arrangieren sollten. Wie sie sich möglichst gesund und selbst gekocht ernähren und dazu noch am Abend im Abendkleid ihren Partner bezaubern sollten.

Das alles ist zeitlich und energiemäßig über eine längere Zeitstrecke nicht möglich. Viele versuchen den Spagat der Unmöglichkeiten dennoch. Mit einem Bein im Sollen und mit dem anderen im Können versuchen sie, den Anforderungen der Welt gerecht zu werden.

Bis über die Ohren überfordert spüren viele Menschen heute, dass etwas nicht stimmt. Trotz der vielen Dinge, die sie besitzen, und trotz der großen Auswahl an Möglichkeiten. Sie ahnen, dass es mehr als Traumurlaube, Arbeits-Overloads und einem Auto vor dem Haus geben muss. Manche erkennen, dass alles »zu viel« ist. Aber ahnen sie, dass dieses »Zuviel« eigentlich ein »Zuwenig« an Nichts ist?

Der mitgedachte Zwischenraum verändert

Im Alltag der heutigen Menschen gibt es viel von dem, *was ist*. Zunehmend verlieren viele jedoch jenes, *was nicht ist*, was aber dem, *was ist*, erst Bedeutung gibt. Oft ist es sogar seine Essenz.

Mir erging es so. Ich entdeckte die Bedeutung dessen, *was nicht ist*, erst, als es mir abhandengekommen war. Zu diesem Zeitpunkt, in meinem vierzigsten Lebensjahr, erkannte ich, dass ich zu manchen Möglichkeiten und Besitztümern auch »Nein« sagen muss. Seither bin ich auf der Reise, in der ich mitten in der Welt des Überflusses auf der Suche nach der Essenz im Weniger bin.

Betrachtet man den Zwischenraum, sieht man nichts. Denkt man ihn mit, dann verändert sich die Welt. Sie werden in diesem Buch entdecken, dass das Nichts, die Pause, die Zwischenräume, die Leere, Ihrem Leben Reichtum und wahre Fülle eröffnen können.

Ich stelle hier ein japanisches Wort vor, das viel mehr ist als nur ein Wort. Es fasziniert und begleitet mich seit vielen Jahren. Denn es beschreibt eine besondere Art und Weise, die Welt zu sehen.

Dieses Wort wird in meinen Überlegungen immer wieder auftauchen und uns auf der Spurensuche nach den Zwischenräumen in unserem Leben leiten.

Es geht um das Wort für Zwischenraum, *ma*:

Dieses Wort spielt in vielen Lebensbereichen in Japan eine wichtige Rolle. Der Zwischenraum kann sowohl zeitlich als auch räumlich verstanden werden und ist nicht messbar, es geht also stets um eine ungenaue Mengenangabe, die sich nach der Situation richtet. Es kann der Zwischenraum zwischen Menschen oder Gegenständen sein, die Pausen in einem Gespräch, die Zeit zwischen zwei Taktschlägen in der Musik, generell der Zeitraum des Innehaltens, der Zeitraum, in dem wir nichts tun, die Zeit, die wir brauchen, eine Entscheidung zu fällen, die Atempause zwischen Ein- und Ausatmen etwa. Es gibt noch viele andere Bedeutungen. In all diesen Bedeutungsmöglichkeiten schwingt die Gleichwertigkeit des Zwischenraums mit den Dingen, mit (oder zwischen) denen er steht. Ein Nichts oder eine Leere bezeichnet das Wort nur scheinbar, in Wahrheit stellt *ma* eine erfüllte und notwendige Leere dar, von der man nicht abwertend spricht.

Betrachten wir das chinesische und japanische Schriftzeichen für *ma* genauer, ist schon seine Zusammensetzung inspirierend. Schriftzeichen bestehen im Japanischen und Chinesischen aus verschiedenen Teilen, die für sich genommen auch etwas bedeuten können. Diese Einzelelemente schwingen oft als assoziatives Element in der Bedeutung mit.

Im Falle von *ma* hat der Aufbau eine poetische, sehr bildhafte Note.

Die Umrahmung außen herum stellt ein Tor dar. Die Kästchen links und rechts mit dem nach unten verlängerten Strich sehen aus wie die Drehtüren eines Western-Saloons. Dieses Schriftzeichen kann auch für sich alleine stehen und bedeutet Tor. Innerhalb des Tores, unterhalb und quasi von den beiden Torflügeln umschlossen, also dazwischen, steht das eine Viereck mit einem Querstrich, dem Zeichen für Sonne.[14] Es ist also ein Tor, durch das die Sonne scheint. Was für ein wunderbares Bild!

Das Tor ist etwas zum Anfassen. Wenn man es offen lässt und sich ein Zwischenraum auftut, können die Lichtstrahlen und die Wärme durchfließen. Es ist materielle Umrahmung und Begrenzung zugleich und die Voraussetzung, dass Fülle entstehen kann. Nur wenn es offen ist, kann man durchgehen. Es braucht beides, die Begrenzung und den Raum dazwischen. Dieses Bild für Zwischenraum, *ma*, drückt zwei Aspekte aus: den materiellen Aspekt und den gefühlten Aspekt.

Ma kann man ins Deutsche unterschiedlich übersetzen.

Täglich entdecke ich in der deutschen Sprache neue Worte dafür: Freizeit, Freiraum, Auszeit, Nichts, Grauzone, Pause, Zeitfenster, Spielraum, Lücke, Leere. Die Bandbreite der Bedeutungen ist enorm.

Begeben wir uns auf die Reise in die Welt des Zwischenraums! Was kann er für unser Leben bedeuten?

2

Tun Sie mehr ... nichts

Wann haben Sie das letzte Mal »nichts« getan? Wirklich nichts? Wann war Ihnen so langweilig, dass Sie sich danach sehnten, dass irgendetwas passiert? Wahrscheinlich ist das schon lange her. Ich kann mich an das Gefühl der Langeweile nur in meiner Jugend erinnern. Das große Gähnen stellte sich ein, wenn die Ferien bereits vier bis fünf Wochen im Gang waren. Oft wünschte ich mich in die Zeiten des ärgsten Schulstresses zurück, zum Beispiel wenn ich meine Tante zu ihrem Kuraufenthalt begleiten musste und in der Konditorei mitten unter grauhaarigen Damen bei Sachertorte und Kaffee saß.

Oder während der langen Sommer mit meinen Eltern im Blockhaus mitten im Nirgendwo. In meiner Verzweiflung über die zäh rinnende Zeit vergrub ich mich in dicke Wälzer, z.B. in »Joseph und seine Brüder« von Thomas Mann (1350 Seiten), »Oblomow« von Iwan Gontscharow (694 Seiten) und in die »Kulturgeschichte der Neuzeit« von Egon Friedell (1600 Seiten). Das war gut für meine literarische Bildung, doch vor und nach dem Lesen war mir unsäglich langweilig.

Meine Eltern hatten das Blockhaus gebaut, gerade um weit weg von der Zivilisation zu sein. Für mich war diese Abgeschiedenheit eine Qual, denn als junges Mädchen wollte ich etwas erleben. Die Welt wartete auf mich! Und da saß ich wochenlang mit Büchern herum, schaute den Bienen zu und putzte vor Langeweile die Regale unserer kleinen Küche rauf und runter.

Währenddessen tat mein Vater – nichts. Er setzte sich in den Liegestuhl hinter das Haus und schloss die Augen. Heute noch sehe ich sein behagliches Lächeln vor mir, wenn er regungslos in der Sonne saß. Er las nicht, er zeichnete nicht, er schien auch nichts zu denken. Er sonnte sich – vollkommen entspannt. Die Welt war in diesem Moment in Ordnung.

Mein Vater widmete sich diesen Pausen zwischen seiner sonst anstrengenden Arbeit mit großer Selbstverständlichkeit und Hingabe und sah das Nichtstun als Teil seines Berufes als Dirigent an. So erklärte er es mir auch. »Ich bin dauernd unterwegs, jede Woche woanders. In den Aufführungen bin ich aufs Äußerste angespannt und stehe unter Strom. Da brauche ich einfach das Nichtstun, um wieder Kraft zu schöpfen.«

Es stimmte, er hatte einen aufreibenden Beruf. Monatelang auf der Achse zwischen Buenos Aires, Tokio und San Francisco hieß es jedes Mal, sich in fremden Hotelzimmern einzurichten, zur Probe zu fahren, mit Menschen unterschiedlichster Mentalität und Sprache zusammenzuarbeiten. Und dann die Konzerte. Vor sich 120 Musiker, die auf ihren Einsatz warteten, und im Rücken 2000 Augenpaare auf sich gerichtet – das war wohl Stress pur. Den hohen Spannungspegel glich er durch Faulenzen zu Hause zwischen den Konzerten aus.

Dort ließ er sich von seinen augenblicklichen Launen treiben. Spaziergänge im Wald war eine von ihnen. Er zog sich dafür zünftig an. Beige Knickerbocker, eine olivgrüne wetterfeste Jacke und auf dem Kopf einen abgewetzten Steirerhut. Das war die Standardausrüstung. Gemeinsam gingen wir durch die würzig duftenden Fichtenwälder des Böhmerwaldes, häufig auch im Regen. Manchmal zitierte er aus den Büchern seiner Lieblingsphilosophen Schopenhauer und

Marc Aurel, meistens schwiegen wir jedoch. Im Rückblick denke ich, dass diese Wanderungen im Schweigen durch den nassen Wald meine Vorliebe für die Stille und das, *was nicht ist*, entzündet hatten.

Eine andere »Nicht«-Beschäftigung im stillen Blockhaus war, sich Kunstbücher anzusehen. Dafür holte er sich einen seiner großen Folianten herbei, schlug ihn auf einer beliebigen Seite auf und versank in die Betrachtung eines Gemäldes. Dann schloss er eine Zeitlang seine Augen und ließ das Bild auf und in sich wirken.

Die Aura, die mein Vater bei seinen »Nichtstun-Tätigkeiten« ausstrahlte, war die einer Katze. Vollkommen in die eine Tätigkeit versunken und entspannt, dann ein bisschen Strecken und Dehnen und danach sich nach Lust und Laune anderswo hinsetzen oder spazieren, jedenfalls völlig ohne Plan und Ziel. Er hatte ein gutes Gespür dafür, was er nach seinen Arbeitsmarathons brauchte.

Die inneren Jagdhunde

Woher kommt es, dass uns oft alles zu viel wird? Es hat innere und äußere Gründe. Ich LIEBE Ziele. Sie kommen aus Ideen, die mich inspirieren. Ich habe zum Beispiel eine Idee, eine neue Ausbildung anzubieten. Ich male mir aus, welch inspirierende Gespräche unter den Teilnehmern entstehen werden. Ich sehe vor mir, wie die Absolventen Kurse in Schulen, Unternehmen oder Organisationen anbieten und wie viele Menschen dadurch zur Ruhe kommen und inneren Frieden finden.

Doch was zieht diese wunderbare Idee hinter sich her? Einen ganzen Lastwagenanhänger von Aufgaben und Zwischenschritten. Für diese Idee müssen andere begeistert werden. Da braucht es Marketing-Maßnahmen und Ausbildungspläne. Diese erfordern eine lange Vorbereitungszeit in Sachen Kursinhalt und Organisation. Letztlich endet es damit, dass sich die inspirierende Idee in eine Last verwandelt, die aus meinen Tagen eine endlose Abfolge von ungeliebten kleinen Tätigkeiten machen kann. So nähren wir in uns eine Rastlosigkeit, die uns schon fast normal vorkommt.

Zusätzlich zu allen Anforderungen, die andere an uns stellen, werden wir von Ruhelosigkeit angetrieben, die wir selbst produzieren. Dieses Gefühl des Gehetztseins nenne ich »innere Jagdhunde«.

Es wäre ja nicht so schlimm, wenn wir hier und da viel zu tun haben. Dann macht man das eben. Doch leidet nicht nur der Körper unter allen möglichen Stresssymptomen. Auch der Geist ist dem Sog der andauernd länger werdenden To-do-Listen ausgeliefert. Die Dämonen der Verpflichtungen treiben uns vor sich her und verstärken das Gefühl des Nichtgenügens. Ich versuche dann, die Dinge wieder unter Kontrolle zu bringen. Ich fertige Checklisten an, erstelle Tages- und Wochenpläne, trinke zu viel Kaffee und so weiter.

Oft fängt es klein und harmlos an. Vielleicht fühlen Sie sich zu dick und denken sich, ein paar Kilo weniger sollten Sie schon haben, damit Sie wieder in den Smoking für den Ball in einem Monat passen. Und schon haben Sie einen weiteren Jagdhund geboren, der Sie Diätplänen, schlechtem Gewissen und Unlustgefühlen hinterherhetzen lässt.

Wenn mich meine inneren Jagdhunde antreiben, denke ich mir oft: »Ach, hätte ich doch mehr Zeit!« Manchmal passiert ein Wunder, es entfällt ein Projekt, und dann habe ich tatsächlich mehr Zeit.

Und was beobachte ich dann an mir? Ich schmiede neue Pläne. Mir fallen hundert Dinge ein, die ich endlich mal im Haus reparieren müsste, ein Kissen, das ich nähen möchte und eine PR-Aktion, die sinnvoll wäre. Und was zieht das nach sich? Richtig! Wieder To-do-Listen, wieder innere Rastlosigkeit, wieder Überforderung. Es hängt mit der inneren Einstellung zusammen, die bleibt, auch wenn wir nicht so viel zu tun haben.

Die innere Ruhelosigkeit wird zusätzlich verstärkt durch Anforderungen und Einflüsse von außen. Vor allem die Medien erzeugen mit ihren Katastrophenmeldungen eine gewollte Atemlosigkeit. Wir bekommen Morde, Erdbeben, Tsunamis und Giftunfälle täglich frei Haus zum Frühstück serviert. Wenn gerade keine Katastrophen zur Hand sind, werden kleinere Vorkommnisse aufgebauscht: Bergwerksunglück in China, Tuberkulose in Dubai, Smogalarm in Athen. Auch wenn die Ausnahmezustände woanders herrschen, werden Schrecklichkeiten auch für unser eigenes Leben zum Normalfall.

Der Psychiater Michael Winterhoff warnt, dass sich Menschen zunehmend durch den täglichen Katastrophenalarm bedroht fühlen, obwohl sich bei uns weder Kriege noch Hungersnöte noch große Naturkatastrophen ereignen. Die Medien lösen einen Antrieb aus, der in uns vor allem einen Impuls auslöst: weiter, weiter, weiter, sonst geht alles unter. Wir halten uns dauernd auf Trab, weil wir meinen, andauernd im Rettungs- und Fluchtmodus sein zu müssen.[15]

Der Ruhemodus ist uns abhandengekommen, das mahnen auch Stress- und Burnout-Experten. Wir bleiben immer »angeschaltet«. Dabei denken wir, es sind die äußeren Umstände, die uns rotieren lassen. Doch sind sie nicht mehr als der Motor für diese ständige Rotation. Die Zündung geht von uns selbst aus.[16]

Unsere inneren Jagdhunde, die Anforderungen und Einwirkungen von außen gehen eine unheilvolle Allianz ein. Niemand zwingt uns wirklich, nach der Arbeit noch stundenlang vor dem Computer zu sitzen und online die Neuigkeiten der Freunde durchzugehen. Warum machen wir das? Warum rennen wir pausenlos weiter, warum wehrt sich unser Geist gegen die Ruhe? Warum können wir so schwer innehalten?

Wir leben gegen unseren Körper, denn der Mensch ist nicht für Dauerstress gemacht. Wir sind keine Maschinen, sondern lebende Wesen, die das Erbe tausender Jahre Evolution in sich tragen. Stress bedeutete in unserer Entwicklungsgeschichte eine kurze Zeitspanne, in der unsere Vorfahren vor einem Bären oder Wolf wegliefen. Der in uns zu bewältigende, biologisch sinnvolle Stress sollte daher nicht länger als 30 Sekunden dauern.[17]

Und doch versuchen viele Menschen über Wochen und Monate hinweg wie ein chinesischer Akrobat zehn Teller in der Luft am Drehen zu halten. Manager, die ihre Arbeit über das Wochenende mit nach Hause nehmen, alleinerziehende Mütter, die ihre Kinder betreuen und nebenbei einer Vollzeittätigkeit nachgehen, und Selbstständige, die rund um die Uhr in ihrem Geschäft arbeiten. Sie alle laufen mit ihren zehn Tellern herum. Und wenn die Teller drohen herunterzufallen, stecken sie noch mehr Anstrengung hinein, laufen noch schneller hin und her, um sie am Drehen zu halten.

Sie können lange Zeit das Leben eines chinesischen Tellerakrobaten auf Kosten Ihrer Gesundheit führen. Irgendwann präsentiert Ihnen Ihr Körper die Rechnung. Bluthochdruck, Verspannungen, Herzbeschwerden und viele andere Symptome entstehen durch Dauerstress.

Auch in meinem Leben gab es solche Zeiten, in denen ich wusste: Treibe ich diese Tellerakrobatik auf die Spitze, dann werde ich ernsthaft krank.

Ich unterrichtete an der Universität, bereitete Seminare und Vorlesungen vor, war Dozentenvertreterin, publizierte wissenschaftliche Abhandlungen und erschien auf Kongressen – und daheim warteten drei kleine Kinder auf mich. Wenn ich um 18 Uhr müde nach Hause kam, drückte mir mein Mann den Kleinsten in die Hand. Für ihn war es auch nicht leicht. Er hatte als einer der ersten Männer in den achtziger Jahren seinen gut dotierten Beruf an den Nagel gehängt, um als Hausmann für die Kinder da zu sein. Er musste am Morgen los, die Kinder in den Kindergarten und in die Schule bringen, kochte dann zu Mittag für sie und verbrachte dann Stunden am Kinderspielplatz, von jedem »Bitte, schaukeln« bis zum »Der da hat mir die Schaufel weggenommen« war er im Dauereinsatz.

Kein Wunder, wenn er am Abend nach zehn Stunden »Kinder-Sondereinsatz« die Kinder und den Haushalt gerne mir überließ. Ich kochte, wusch Wäsche und klaubte bis elf Uhr abends Legosteine auf, bevor ich mich bis Mitternacht noch an den Schreibtisch setzte und die nächsten Vorlesungen vorbereitete. Ich tanzte auf allen Hochzeiten – und das im perfekten Tangoschritt –, ich war da, funktionierte, und doch empfand ich mich trotz der vielen Aktivitäten und beruflichen Erfolge leerer und leerer – wie eine liegen gelassene Raupenhülle, ohne Mittelpunkt.

Eine Jagd in die Sackgasse

An einen Tag erinnere ich mich ganz besonders gut. Ich ging die Allee an der Ringstraße in Wien entlang und dachte mir: »Wo bin ich? Ich spüre mich nicht mehr. Es gibt kein Zentrum, kein Innen mehr, aus dem ich schöpfen kann.« Ich war vollkommen erschöpft, ausgehöhlt und kraftlos. Ich empfand keine Begeisterung mehr für meinen Beruf und keinen Antrieb mehr, Dinge anzupacken. Damals wusste ich, wenn ich mein Leben nicht grundsätzlich veränderte, würde ich ernsthaft krank.

Die Anforderungen, die ich an mich gestellt hatte, waren zu viel gewesen. Wie oft habe ich mir gedacht: »Ach, hätte ich doch endlich die Zeit, einfach mal nichts zu tun!«

Im Urlaub hätte ich wohl die Chance gehabt, mich auf die faule Haut zu legen. Ich tat es aber nicht. Denn auch im Privaten hatte ich so meine Ziele. Ich wollte sporteln, ich wollte noch den Artikel fertig schreiben, für den ich keine Zeit gefunden hatte, und ich wollte den Urlaub mit meiner Familie verbringen.

Die Ziele, die ich hatte, haben mich letztlich in eine Sackgasse geführt. Woher kamen die Ziele? Zuerst von außen. Ich hatte das Bild, das meine Eltern von meiner Zukunft gehabt hatten, einfach übernommen. Das fing schon sehr früh an. Meine Mutter hatte mich schon im Alter von fünf Jahren zu meinem ersten Intelligenztest geschickt, um meinen IQ zu checken. Als ich 16 war, bekam ich schon Postkarten von meinem Vater, auf denen stand: Frau Dr. in spe Fleur Sakura Wöss. Es war für alle klar, das Doktorat bzw. die Promotion müsse ich schaffen. Dieses von außen übergestülpte Bild nistete sich in mir ein. Dieser leise Druck war wohl auch der Grund, warum ich tatsächlich dorthin gelangte, wo meine Eltern mich gesehen hatten. Und es war auch gut so. Doch dann hörte die Stimme des inneren Jagdhundes, die »weiter, weiter« rief, nicht mehr auf. Dann wollte ich meinen Job gut machen und Familie haben, und unter die Top-Wissenschaftler gelangen. Ich konnte nicht mehr stehen bleiben. Irgendwo sind mir die Zwischenräume abhandengekommen, in denen ich Zeit gehabt hätte, mich zu fragen: »Werde ich von meinen Bildern und Vorstellungen getrieben, und habe ich tatsächlich noch die Zügel in der Hand?«

Geht es Ihnen ähnlich? Dann frage ich Sie als Tellerakrobat: Wollen Sie wirklich weniger tun? Und vor allem: Ertragen Sie es, nichts zu tun?

Im Unruhemodus

Eine interessante Frage! Vielleicht würde es Ihnen ähnlich ergehen wie den Teilnehmern einer Studie des Sozialpsychologen Timothy Wilson von der Universität Virginia. Er wollte herausfinden: Wie empfinden Menschen das Nichtstun? Dazu stellte er 409 Personen die Aufgabe, 15 Minuten in einem spärlich möbllierten Raum alleine zu warten. Bevor die Probanden in den Warteraum gebeten wurden, hatte er ihnen alles abgenommen, Lesestoff, Handys, iPads etc. Sie hatten nichts anderes zu tun, als die Zeit nur mit sich selbst zu verbringen. Sie konnten sich mit nichts ablenken. Waren sie glücklich über ihre gewonnene Ruhe? Weit gefehlt! Nach diesem Experiment sagten mehr als die Hälfte, dass die 15 Minuten unerträglich gewesen wären.

Und so ging das Experiment in die zweite Phase. Wilson stellte in der zweiten Versuchsreihe den Wartenden eine einzige Möglichkeit zur Verfügung, sich abzulenken: eine Maschine, mit der man sich selbst Stromstöße und damit Schmerzen zufügen konnte. Die Probanden hatten den Elektroschocker schon im Vorfeld kennengelernt und drei Viertel von ihnen hatten danach gesagt: »Nie mehr wieder!« Trotzdem gingen sie bei diesem »Langeweile-Experiment« zum Elektroschocker und versetzten sich einen Stromstoß.[18] Was ist so unerträglich, dass sich Menschen lieber selbst verletzen, als gar nichts zu erleben?

Als ich von dieser Studie das erste Mal las, dachte ich: Das kann doch nicht wahr sein! Der nächste Gedanke war aber: Ja, dieses Gefühl kenne ich auch. Wenn ich mal nichts zu tun habe, wie zum Beispiel in der U Bahn, sitze ich auch 15 Minuten lang da, und die 15 Minuten werden lang. Manchmal habe ich ein Buch mit. Manchmal auch nicht. Und was mache ich dann doch recht häufig? Ich surfe im Internet herum, ich checke meine Mails. Das ist zwar keine so drastische Ablenkung wie ein Elektroschocker. Doch ich weiß, dass auch das Herumwischen auf dem Gerät mir nicht guttut. Es strengt meine Augen an und gibt mir nicht wirklich ein gutes Gefühl. In diesem Unruhemodus bin ich nicht alleine. 85 mal am Tag sollen Menschen durchschnittlich ihr Smartphone checken.[19]

Und auch sonst am Schreibtisch: Kurz mal online um die Ecke schauen, was die Freunde im Internet so posten und kommentieren? Oder gerade mal schnell im Internet herumsurfen und sich dabei verlieren? Wenn wir mal am Sonntag gar nichts zu tun haben, laden wir uns einfach zwei, drei Filme herunter und schon werden wir »unterhalten«. Fast niemand kann sich dieser Zerstreuungssucht entziehen.

Da unser Gehirn dauernd durch unser Verhalten mitlernt, muss sich in unserem Wahrnehmungsmodus in den vergangenen Jahren viel verändert haben.

Vor einiger Zeit fand eine Studie der Firma Microsoft zum Thema heraus, dass unsere Aufmerksamkeitsspanne in den vergangenen sechzehn Jahren um ein Drittel gesunken sei.[20] Darunter versteht man die Aufmerksamkeit, die man braucht, um konzentriert bei einer Sache zu bleiben, ohne sich ablenken zu lassen. Das ist jene Aufmerksamkeit, die Kinder bis in die Siebziger Jahre in der Schule gelernt haben: ein langes Gedicht auswendig zu lernen, stundenlang lateinische Texte zu übersetzen, kurz, etwas zu tun, obwohl man es langweilig findet. Die Fähigkeit, das momentane Unlustgefühl zu überwinden und sich trotzdem auf etwas zu konzentrieren, diese Konzentrationskompetenz hat abgenommen, so interpretiere ich die Studie.

Der stete Blick nach außen

Es gibt jedoch noch zwei andere Arten der Aufmerksamkeit, und die haben sich zunehmend stärker entwickelt. Die Erste besteht darin, an einer Sache dranzubleiben, obwohl es Ablenkungen gibt. Wir lesen zum Beispiel einen Blog, und plötzlich taucht auf der rechten Seite blinkende Werbung auf. Diese zu ignorieren und den Text trotzdem noch zu Ende zu lesen, das ist die erste Art der Aufmerksamkeit. Wir trainieren sie jeden Tag, wenn wir im Internet lesen. Die zweite ist das Multitasking, auch alternierende Aufmerksamkeit genannt. Es ist die Fähigkeit, in Sekundenschnelle Uninteressantes auszusortieren und wegzuklicken – und das Wesentliche herauszufiltern. Sie ist quasi die alltägliche Überlebensstrategie in der digitalen Welt. Das ist die gute Nachricht.

Unser Gehirn ist ein Wunderwerk und passt sich den täglichen Herausforderungen an. Wir trainieren es tagtäglich, und es entwickelt sich mit uns mit. Die Anpassungsfähigkeit des Gehirns hat jedoch auch einen großen Nachteil. Wir sind mit den gesellschaftlichen Entwicklungen verbunden und werden von ihnen beeinflusst. Heute haben wir dadurch ein permanent nach außen gerichtetes Bewusstsein. Am Eingangstor unseres Bewusstseins stehen quasi Türwächter mit gekreuzten Klingen, die Informationen blitzschnell einschätzen, nur wenigen Zutritt gewähren und bei unliebsamen Eindringlingen wie bei der Werbung das Tor schnell wieder versperren. Das braucht viel Energie und hält uns im »Außen«. So ist unser Gehirn andauernd beschäftigt, mit ausgefahrenen Antennen die Welt abzutasten, und hat keine Zeit, sich eingehend mit den wichtigen Informationen zu befassen und sie zu verdauen.

Ständig mit ausgefahrenen Antennen durch die Welt zu gehen, hat einen großen Einfluss auf unsere Sicht auf die

Welt, vor allem auf die Fragen: »Was ist meine Rolle in der Welt? Warum passiert das gerade mir? Wieso sind die Umstände, wie sie sind?«

Einer der hundert einflussreichsten Psychologen des 20. Jahrhunderts, Julian B. Rotter, hatte zwei unterschiedliche Menschentypen ausgeforscht. Die erste Kategorie, die »externale«, schaut zur Orientierung nach außen. Diese Menschen setzen auf die Meinung anderer und denken, sie würden vorwiegend von außen – von anderen Menschen – bestimmt. In weiterer Folge glauben sie häufig an das »Schicksal«, das es nicht anders will, oder an das »System«, das Macht über ihr Leben hat.

Die zweite, die »internale« Kategorie, die Rotter ausgemacht hatte, lebt vorwiegend von innen her. Diese Menschen denken, ihr Leben würde von den eigenen Fähigkeiten, vom persönlichen Einsatz und den eigenen Vorgaben bestimmt.

Zu welcher Kategorie gehören Sie? Wenn Sie wie die zweite Gruppe meinen, Kontrolle über Ihr Leben zu haben, haben Sie einen unschätzbaren Vorteil: Dann neigen Sie weniger zu Depressionen und lassen sich nicht so leicht von Ängsten leiten.

Diese Erkenntnisse stammen aus dem Jahre 1966. Damals waren etwa 80 Prozent der Menschen von innen her bestimmt und glaubten, dass es an ihnen läge, ihr Schicksal in die Hand zu nehmen.

Hat sich in der Orientierung nach innen oder außen auch etwas verändert? Das hatte sich Jean M. Twenge, Professorin für Psychologie an der San Diego Universität in Kalifornien, auch gefragt. In einer Studie Anfang des 21. Jahrhunderts hatte sie junge Menschen wiederum mit der Kontroll-Skala von Rotter untersucht. Die Resultate waren erstaunlich. Innerhalb weniger Jahrzehnte hat sich das Verhältnis dieser zwei Menschentypen vollkommen verschoben. Ein durchschnittlicher junger Mensch war 2002 stärker external ausgerichtet als 80 Prozent der jungen Leute in den 1960er-Jahren.[21] Die jungen Menschen von heute sind offenbar viel mehr von äußeren Einflüssen gesteuert und haben weniger das Gefühl, Herr über ihr Leben zu sein. Das macht sie anfälliger für Depressionen und Ängste.

Seit der Studie von 2002 hat sich dieses Verhältnis vermutlich noch mehr ins Außen verschoben. Wir leben heute von früh bis spät mit dem Blick nach außen, verheddern uns in Postings der Social Media, in YouTube-Videos und Serien und kommen gar nicht mehr dazu, uns zu fragen: Was denke ich dazu? Was will ich?

Ein Gespräch mit meinem Sohn stimmte mich da recht nachdenklich. Ich fragte ihn vor kurzem: »Was beschäftigt deine Generation?« Er antwortete: »Meine Generation (Ende zwanzig, Anfang dreißig) leidet an dem Bruch zwischen innen und außen. Die Social Media lenken unseren Blick hinaus auf die anderen und präsentieren eine ›schöne‹ Welt. Auf Facebook haben alle Spaß, alles ist gut, die Welt ist perfekt. Wir sehen in die Welt der zahllosen Möglichkeiten hinaus. Statt der inneren Stimme, ›Hallo Welt, ich komme‹, macht sich Lähmung und Unentschlossenheit breit. Wir leben sehr stark im ›Draußen‹.«

Diese Worte spiegeln den Druck von außen, unter dem junge Menschen heute stehen. Einerseits sind ihre Antennen nach außen gerichtet, und sie können sich der äußeren Welt nicht entziehen. Es ist jedoch keine reale Welt, die sie dort finden, sondern eine perfekte Welt, die mit ihrer eigenen, inneren Welt nicht übereinstimmt. Das reißt sie auseinander. Und so haben wir gesehen: Junge Menschen meinen heute viel eher, dass äußere Kräfte über ihr Leben bestimmen. Es machen sich Lähmung und Unentschlossenheit breit. Auf der anderen Seite – siehe Studie von Timothy Wilson – ist

Nichtstun für sie unerträglich, weil ihre zeitlichen Zwischenräume so leicht aufgefüllt werden können. Dabei würde es für sie heilsam sein, einmal sich ganz auszuklinken.

Der Blick nach außen macht uns unfrei. Er lenkt nicht nur ab, er macht uns abhängig vom Informationsstrom, der uns auf dem Handy und dem Computer dauernd verfügbar ist. Die Zeiten, in denen von außen keine andere Wahl als Nichtstun vorhanden war, sind vorbei. Die Löcher und Zwischenräume in unseren Tagen, in denen nichts vorgesehen war, sind vollgestopft. Der äußere Takt der Welt dringt in jeden Winkel unseres Lebens vor. Sind wir überhaupt bereit, unseren eigenen Takt zu spüren?

Damit das Außen ins Innen sickern kann

Ich verbrachte meine Schulzeit in einem Internat. Manchmal spielte im Stadtkino, 20 Minuten zu Fuß entfernt, ein Film. Es waren Klassiker wie »Vom Winde verweht« oder auch lustige Filme mit Peter Kraus und Conny Froboess. Allerdings durften wir nur einmal im Monat ins Kino gehen. Mehr, meinten unsere Lehrer, könnten wir nicht »verdauen«. Tatsächlich nahmen wir in den Tagen danach immer wieder die Themen des Films auf und haben mögliche andere »happy« oder »sad ends« ausgesponnen. Alle Szenen mit ihren Hintergründen wurden von uns zerpflückt. Was lehrte uns der Film über Beziehungen? Hätten wir genauso reagiert wie Conny? Nach welchen Regeln funktioniert die Welt? All das lernten wir in diesem Verdauungsprozess, der im Zwischenraum zwischen den Filmen stattfand. Er war notwendig, dass wir uns das Gesehene zu eigen machen konnten. So sickerte das Außen ins Innen und beeinflusste uns stark. Von außen nach innen, von innen nach außen. Wir brauchten den Zwischenraum zwischen den Filmen, in dem nichts geschieht, um das Wertvolle aus ihnen für uns zu lernen.

Damals kam uns die Beschränkung der Lehrer ungerecht und dämlich vor. Heute denke ich, sie war weise.

Beim Nichtstun arbeitet das Gehirn

Die Neurowissenschaft hat Erstaunliches entdeckt. Bis zum Jahr 2000 hatte man angenommen, beim Nichtstun tue sich auch im Gehirn nichts. Heute wissen wir, dass gerade beim Nichtstun das sogenannte Default-Mode-Netzwerk aktiv wird. Dieses Netzwerk aktiviert im Gehirn Bereiche, vergleichbar mit Knoten oder Hubs, d. h. Zentren, die mit vielen anderen Zentren im Gehirn vernetzt sind.[22] Wenn Sie voll aktiv in Ihrer Arbeit sind, schlafen diese. Wenn Sie aber nichts tun, dann werden sie aktiv und schicken im Gehirn viele Informationen hin und her, die im Alltagsleben sonst nicht zugänglich sind.[23] Das geschieht, wenn wir Tagträumen, beim Fenster hinaussehen, oder einfach nichts tun. Als wir Jugendliche den Film »verdauten«, war wohl auch dieses Netzwerk aktiv gewesen. Die großartige Nachricht ist: Gerade wenn Sie nichts tun, wird dieses Netzwerk aktiviert und denkt für Sie »weiter«.

Sie dürfen auf keinen Fall an den nächsten Abgabetermin Ihrer PowerPoint-Präsentation denken, nur dann wird Ihr wahres kreatives Hirn aktiv! Statt mit angestrengten Stirnfalten an die Zahlen Ihrer Bilanz zu denken, ist es besser, liebevoll die Stacheln an Ihrem Schreibtischkaktus zu betrachten! Und: Sobald Sie Ihre To-do-Liste ansehen, legt sich das Default-Mode-Netzwerk schlafen.

Körperlich ist uns ziemlich klar, dass wir nach einer Wanderung von sieben Stunden nicht noch einmal sieben Stunden drauflegen können. Da gibt es körperliche Grenzen. Genauso wie der Körper braucht jedoch auch der Geist Zeit, sich von der Beschäftigung mit der Außenwelt zu erholen. Gönnen Sie Ihrem Geist die Zwischenräume, dann werden Sie mit einem Feuerwerk an Ideen belohnt. Und mit neuer Lebensenergie.

Wie viele bahnbrechende Ideen, Erfindungen und Kunstwerke sind beim Nichtstun entstanden!

Der Automobil-Pionier Rudolf Diesel starrte zwei Wochen in die Luft, bevor er 1892 den Prototypen des Dieselmotors erfand.

Der Dirigent Arturo Toscanini hatte jedes Jahr vier Monate in einem kleinen Bergdorf auf Mallorca zugebracht, um – wie er sagte – seiner »inneren Melodie« zu lauschen.

Inkubationsphase nennt es die Kreativitätsforschung, wenn zwischen Vorbereitungsarbeit und intensiver Beschäftigung eine Zeitspanne liegt, in der man nichts tut oder sich mit etwas ganz anderem beschäftigt.

Der Physik-Nobelpreisträger Gerd Binnig zum Beispiel nimmt sich Zeiten, in denen er etwas völlig anderes macht: malen, bildhauern oder musizieren. Er schafft sich einen Zwischenraum, in dem er auf Distanz zum aktuellen wissenschaftlichen Problem geht, das er gerade bearbeitet, und sagt: »Ich brauche immer Zeit. ... Ich arbeite in Zyklen. Ich vergrabe mich für einige Zeit in ein Problem und ziehe mich dann wieder für einige Monate zurück, indem sich meine Interessen auf mehr private Dinge verlagern.«[24]

Schauen Sie sich etwas ab von den kreativen Menschen. Nehmen Sie sich auch Zwischenzeiten, um gute, kreative Arbeit zu leisten.

So wie die Null den Wert der anderen Ziffern verzehnfacht, so vervielfacht das Nichtstun den Wert Ihrer Arbeit. Sie schreiben ein Paper und lassen es liegen. Es wird sich nicht von alleine vervielfachen und schreiben. Ziemlich wahrscheinlich ist es jedoch, dass das Liegenlassen Auswirkungen hat. Vielleicht sehen Sie zufälligerweise ein Kalenderblatt an der Wand hängen, das Sie bildlich zu Ihrem Thema inspiriert, wenn Sie gerade im Büro Ihres Kollegen vorbeischauen. Oder Sie greifen vor einer Bücherwand quasi blind zu einem Buch, das Sie vor fünf Jahren zuletzt in der Hand hatten. Ein Kapitel springt Sie an, und Sie gehen blätternd den Gang entlang. Eine Arbeitskollegin sieht Sie und spricht Sie an: »Womit beschäftigen Sie sich denn gerade?« Sie kommen ins Gespräch, und es stellt sich heraus, dass Ihre Kollegin durch ihre Frage einen neuen Denkprozess in Ihnen bezüglich Ihres Themas auslöst.

Immer wieder innehalten: täglich, wöchentlich, jährlich, lebenslang

Vor einigen Jahren las ich eine Studie, nach der die kreativsten Manager jene waren, die sich immer wieder Tagträumen hingaben, einfach aus dem Fenster sahen und nichts taten. Anscheinend brauchen wir Menschen diese Zwischenräume, in denen scheinbar nichts passiert. Die Resultate von Personen, die tagträumen, waren signifikant besser als die von denen, die dauern malochten.[25]

Das ist die Vervielfachung des Vorhandenen durch Nichtstun.

Ruhe- oder Bewegungspausen

Sie brauchen jeden Tag einen zeitlichen Zwischenraum. Eine Zeit, in der Sie fünf Minuten einfach in der Sonne sitzen und nichts tun. Gehen Sie zum Beispiel auf die Straße vor Ihr Haus und warten Sie, was geschieht. Wann haben Sie Ihren Nachbarn zuletzt gesehen? Vielleicht kommt er gerade vorbei, und Sie erfahren, dass er gerade etwas macht, das interessant für Sie sein könnte.

Nichtstun bedeutet nicht, sich hinzulegen. Jeder würde Nichtstun anders definieren. Wenn Sie zum Beispiel den ganzen Tag auf den Beinen sind, als Verkäufer, Krankenschwester, Lehrerin oder Handwerker, die viel stehen und gehen, ist für Sie eine Pause im Sitzen und Liegen besser. Doch 50 bis 60 Prozent der Erwachsenen in den Industrieländern sitzen den ganzen Tag. »Wer lange sitzt, ist früher tot«, titelte die Wochenzeitung »Zeit«, um auf die Gesundheitsrisiken hinzuweisen. Denn unser Körper ist nicht gemacht für stundenlanges Sitzen am Arbeitsplatz. Wir sind Bewegungstiere. Unsere Vorfahren legten am Tag 20 bis 30 Kilometer zurück, das sitzt uns noch in den Knochen.

Sie merken das sicherlich, wenn Sie – gar nicht artgerecht – am Schreibtisch arbeiten. Spüren Sie immer wieder den Impuls, aufzustehen und sich zu bewegen? Sicher haben Sie gute rationale Gründe dafür. Sie denken: Ich brauche ein Glas Wasser. Oder: Jetzt ist es Zeit, sich wieder mal einen Kaffee zu gönnen. Eine Bekannte sagte vor kurzem zu mir: »Wenn ich es gar nicht mehr aushalte im Büro, dann gehe ich eine rauchen.« Das mögen alles unbestreitbare Bedürfnisse sein. Dahinter steht jedoch auch das Bedürfnis, aufzustehen und ein paar Schritte zu gehen. Etwa alle 20 Minuten, so habe ich es an mir selbst beobachtet, brauche ich Bewegung.

Schlafforscher haben herausgefunden, dass wir uns innerhalb von acht Stunden etwa 20- bis 40-mal im Schlaf bewegen. Das sind drei- bis viermal in der Stunde. Lange Zeit hat man sich gefragt, wozu sich die Menschen immer wieder hin und her wälzen. Jetzt gehen die Forscher davon aus, dass der Körper sich bewegen muss, damit die Blutzirkulation aufrecht erhalten bleibt![26]

Was im Schlaf gilt, bestätigt sich auch untertags. Es ist der gleiche Zeitabstand, der uns alle 20 Minuten den Impuls gibt, aufzustehen und umherzugehen. So wie im Schlaf brauchen wir die Bewegung, damit das Blut zirkulieren kann, und zwar umso dringender, je konzentrierter wir arbeiten. Denn das Gehirn braucht 20 bis 30 Prozent der Körperenergie, die uns als Ganzes zur Verfügung steht. Je besser die Blutzufuhr und damit die Zufuhr von Sauerstoff und Glukose zum Gehirn funktioniert, desto besser kann unser Gehirn arbeiten. Das gilt vor allem für Denk- und Gedächtnisarbeit.[27] Wenn Sie also bis jetzt immer wieder aufgestanden sind, um sich einen Kaffee oder ein Glas Wasser zu holen, dann ging es nicht um den Kaffee oder das Glas Wasser, sondern um die Bewegung.

Was können Sie tun, um sich alle 20 Minuten zu bewegen und damit »gehirnfit« zu bleiben? Halten Sie Ihre Pause kurz und begrenzen Sie sie auf fünf Minuten, sonst werden Sie aus Ihren Gedanken zu sehr herausgerissen.

Einmal um den Block gehen
Fünf Minuten sind genug, um einmal schnell hinauszugehen und um den Block herum. Da tanken Sie Sauerstoff, kurbeln Ihren Körper an und fühlen sich viel frischer als zuvor.

»Büro-Yoga«
Planen Sie schon im Voraus einige Übungen ein, bei denen Sie Ihren Körper dehnen. Bewahren Sie einen Ausdruck der Übungen in einer Schreibtischlade, sodass sie immer bereitliegen (keine Ausreden!).

Organisatorische Mini-Aufgabe
Stehen Sie auf und erledigen Sie eine kleine Aufgabe. Es kann Ordnung machen am Schreibtisch sein, Ihre Aktentasche aufräumen, Dokumente vom Schreibtisch zum Regal bringen oder Kaffee oder Wasser holen.

Holen Sie besser ein Glas Wasser statt Kaffee. Die alten Chinesen meinten, Kaffee treibe die Energie hinauf. Kurze

Zeit fühlen Sie sich wach, aber Sie verlieren dadurch Ihren energetischen Mittelpunkt und damit Ihre Gelassenheit. Im Winter bevorzuge ich eine Tasse heißen Wassers mit Honig.

Am siebten Tage sollst du ruhen

Haben .Sie wöchentlich einen Nichts-Tu-Tag? Was ist mit Sonntag?

Als ich in die Schule ging, bekamen wir jeden Montag eine Speise namens »Grenadiermarsch« vorgesetzt. Der Name Grenadiermarsch kommt aus der Militärsprache und war unter uns Internatskindern wie wohl auch früher unter den Soldaten nicht sehr beliebt. Die Reste von Montag bis Sonntag wurden an diesem Tag in einen Topf geworfen und nochmals gewürzt und aufgewärmt. Unsere dicke Köchin Lucy knallte den Topf mit dem Mischmasch auf den Tisch. Alle Speisereste der Woche fanden wir darin wieder: Kartoffeln, Fleischstückchen und Nudeln, eine undefinierbar weiche Masse in Gelb und Weiß, das war der Grenadiermatsch, pardon, Grenadiermarsch der Woche. (Es musste auch alles aufgegessen werden.)

Geht es Ihnen mit Ihrer Arbeit ebenso? Haben Sie sich viel vorgenommen? Und haben Sie alles erledigt? So wie im Internat viel Essen während der Woche nicht aufgegessen worden war, so bleiben auch während einer Arbeitswoche viele Dinge ungetan. Wenn es Ihnen so geht wie mir, bleiben immer wieder Mappen von Treffen liegen, die nachbereitet gehören. Oder hier und da kleine Post-its und Zettel mit einer Idee, die bearbeitet oder einem To-do, das erledigt werden sollte. Das macht meinen Schreibtisch unübersichtlich und bereitet mir Stress.

Ist Ihre Woche so voll, dass Sie keinen anderen Platz für aufgeschobene Aktenordner finden als am einzigen Tag, der Ihnen privat gehört? Ist Ihr Sonntag der Resteverwerter der Woche?

Es kann sein, dass Sie es geschafft haben, die Papierberge am Freitagnachmittag im Büro zu lassen. Dann ist womöglich zu Hause vieles liegen geblieben. Dann sind es die »privaten« Reste, die sich auftürmen. Manche haken auch ihr privates Leben in To-do-Listen ab. Dann schreiben Sie beim Morgenkaffee eine Liste aller aufgeschobenen Aufgaben auf wie Blumen gießen, Fotos ordnen, Scheinwerferlampe auswechseln usw. Wie unter der Woche laufen Sie ebenfalls am freien Tag wie ein Uhrwerk ab und haben Ihre Antennen nach außen ausgefahren. Besser ist es, keine Liste zu haben, sondern in den Tag zu träumen und nur dann, wenn Ihnen danach ist, aus einer Laune heraus, ein Buch zur Hand zu nehmen, ein paar Worte zu lesen, es wieder sinken zu lassen und mit diesen Worten in den Park hinauszugehen und sich die Sonne auf den Bauch scheinen zu lassen.

Die Sonntage sind für das Nichtstun geschaffen. Gott machte es richtig. Sechs Tage lang werkte er und schuf Himmel und Erde, Pflanzen und Tiere und schließlich den Menschen. Und so hieß es im Alten Testament: »So wurden vollendet der Himmel und die Erde und all ihr Heer. Gott vollendete am sechsten Tage sein Werk, das er verrichtet hatte, und ruhte am siebten Tage und heiligte ihn. Denn an ihm hat er von all seinem Werke geruht, das Gott wirkend schuf.«

Gerade jener Tag, an dem Gott ruhte, ist heilig. Das Ruhen nach all der Mühe und Plage während der Woche ist ein eigener Akt, ein heiliger Akt. Viele gläubige Christen und Juden feiern den Tag, indem sie in die Kirche oder Synagoge gehen und nichts anderes machen. Es ist für sie der Tag Gottes und der Familie. Zeit, den Geist ruhen zu lassen. Ein Tag ohne große Pläne und ein Tag, um die eigene Schöpfung zu feiern.

Vor allem im orthodoxen Judentum wird der Sabbat hochgehalten. Da darf nichts gekocht, nichts geerntet, nichts gearbeitet werden. Man darf auch nichts machen, das einen anderen veranlasst, an diesem Tag zu arbeiten. »Am Sabbat lebt der Mensch, als *hätte* er nichts, als verfolge er kein Ziel außer zu *sein*, das heißt, seine wesentlichen Kräfte auszuüben – beten, studieren, essen, trinken, singen, lieben. ... Der Sabbat ist ein Tag der Freude, weil der Mensch an diesem Tag ganz er selbst ist.«[28]

Die gesellschaftliche Übereinkunft in christlichen Ländern regelte jahrhundertelang, dass am Sonntag der Messebesuch die Menschen enthob, ihrer täglichen Arbeit nachzugehen. Da ruhte die Arbeit, nur im ländlichen Raum hatten die Bäckereien geöffnet, weil es der einzige Tag für manche Bauern war, ins Dorf zu kommen.

Der christliche Ton geht in europäischen Ländern jedoch zunehmend verloren. Gibt es diese vorgegebene religiöse Struktur nicht mehr, ist die Gefahr groß, dass sich bei vielen Menschen der Sonntag zum Resteverwerte-Tag entwickelt.

Der Sonntag dient Ihnen als Ruhetag der Hingabe an Ihr Inneres. Heiligen Sie ihn auf Ihre Weise.

Arbeit macht dann Spaß, wenn Sie Ihrem Innenleben Zeit zum Nichtstun gönnen. Dann können Sie aus der Fülle schöpfen, die Ihr Inneres bereitstellt – vorausgesetzt, ja, vorausgesetzt, Sie lassen es in Ruhe arbeiten.

Eine Woche »Almhütte«

Lange Zeit hatte ich einen Traum. Schon im Alter von 19 Jahren stellte ich mir vor, wie es wäre, eine Woche lang einfach mit mir alleine zu sein, ohne jegliche Ablenkung.

Vor kurzem, nach so vielen Jahren, war die Zeit gekommen, diesen alten Traum umzusetzen. Ich war gerade in einer Krise, wusste nicht so genau, wie es in meinem Leben weitergehen sollte. Und da wagte ich das Experiment. Ich wollte eine Woche lang auf einer Berghütte – ohne die übliche Zerstreuung leben. Keinen Computer, keine Bücher, nicht einmal einen Schreibblock. Das Handy war ausgeschaltet. Es war nichts vorhanden, mit dem sich der Kopf beschäftigen konnte. Ich hatte nur die Vorgabe, keine Vorgabe zu haben. Ich war ziemlich aufgeregt, was passieren würde. Es wurde die spannendste Woche meines Erwachsenenlebens.

Meine Hütte sah vom Berg in weite Täler, mit Wiesen und Wäldern, Gehöften und Streuobstwiesen. Sie roch nach dem trockenen Holz jahrhundertealter Almhütten, nach Sennerei und Einsamkeit. Es war aber auch eine moderne Hütte. Eine Wand war komplett verglast, sodass ich wunderbar vom Schaukelstuhl aus auf die Wiese vor mir sah. Daneben war genügend Platz für mein Meditationskissen. Das Dorf war vier Kilometer entfernt, ich hatte mir jedoch vorgenommen, in dieser Woche oben auf dem Berg zu bleiben. Nichts sollte mich in die Zivilisation treiben. »Sapiens omnia secum portat« (»der Weise trägt alles mit sich«), wie die Lateiner sagen. So hatte ich alles mitgenommen: Kaffee, Säfte, Haferflocken, Gemüse. In einer halben Stunde hatte ich mich eingerichtet. So, und nun – war nichts zu tun.

Die ersten zwei Tage war ich unruhig und kribblig. Ich stellte Checklisten im Kopf zusammen, denn einen Notizblock hatte ich nicht mitgenommen. Ich dachte, die freie Zeit könne ich nützen, um Ideen zu entwickeln. Doch schnell musste ich erkennen, wie sinnlos das war. Ich hatte mich nicht in eine Almhütte eingemietet, um über Projekte nachzudenken, die ich ohnehin nicht von dort aus steuern konnte. Schwierig war es dennoch: Meine inneren Jagdhunde wollten sich einfach nicht schlafen legen. Also ging ich wandern, ich klaubte Hirschbirnen vom Wegesrand auf und folgte spontan dem nächsten Weg, Hauptsache, er führte bergauf. Lange wanderte ich auf Waldwegen, bis sich vor mir eine Lichtung im sanften Orange des Abendlichts öffnete. Hundert Meter vor mir sah ich eine Siedlung mit zwei, drei Höfen. Vor einem der Gebäude saß auf einer Holzbank eine Bäuerin und winkte mich zu sich. »Sie müssen müde sein«, sagte sie und kredenzte mir ein Glas Most. Es entspann sich ein lockeres Gespräch. Meine Antworten, die Jas und Hms, brachte ich zeitverzögert an, da ich den breiten Dialekt kaum verstand und mir erst im Kopf das Gehörte zusammenreimen musste. Doch es tat gut, einfach dazusitzen und ins Tal zu sehen. Wenn ich nach Plan gewandert wäre, hätte ich diesen Aussichtspunkt wahrscheinlich nie erreicht. Zurückgekehrt fiel ich um acht Uhr ins Bett. Am nächsten Morgen wurde ich von einem lauten Kikeriki und der anbrechenden Dämmerung geweckt. Wieder ein Tag, ohne etwas zu tun. Das Rattern im Kopf wurde leiser, die Gedanken an meine Arbeit weniger drängend. Am Morgen des dritten Tages war ich dann vollends da. Und siehe da, die Struktur für meinen Tagesablauf entwickelte sich ganz von alleine und ganz spielerisch: meditieren, Frühstück, Körperübungen, schauen, in die Natur gehen, essen, meditieren, schauen, essen, meditieren, schlafen. Ich hatte kein Programm und keinen Plan, und doch hatte mein Tag eine Form. Ich saß im Schaukelstuhl und sah stundenlang in die Natur hinaus. Es entwickelte sich ein Gefühl des Bei-mir-Seins, des Im-Moment-Seins, einer tiefen inneren Stille, die durchwegs eine Art Meditation war – 24 Stunden lang. Aus dem Nichtstun hatte sich ein vollkommen anderes Lebensgefühl gebildet. Ich überließ mich völlig dem Moment und dem, was sich von selbst anbot.

Erst aus der Perspektive dieser Woche am Berg habe ich erkannt, wie sehr sich mein mir innewohnendes Lebensgefühl von jenem meines gewöhnlichen Alltags unterscheidet. In dieser Woche habe ich mehr als in den drei Jahren zuvor gelernt:

- *Erstens:* Ich erkannte, wie wohltuend es ist, keine Entscheidungen treffen zu müssen. In unserem komplexen Alltagsleben müssen wir dauernd entscheiden. Nehmen wir einen Espresso oder einen Cappuccino? Kaufe ich das billigere Waschmittel oder das teurere Öko-Waschmittel? Fahre ich mit dem Auto, mit dem Fahrrad, oder fahre ich mit der U-Bahn? Soll ich mich beruflich umorientieren? Je komplizierter unser Leben ist, desto häufiger müssen wir uns entscheiden. Ohne Werbung, die auf uns einprasselt, müssen wir uns nicht fragen, ob wir etwas zusätzlich brauchen. Ohne Menschen in der Nähe haben wir keine Verabredungen und müssen nicht über Verkehrsmittel nachdenken. Am Berg nehme ich von dem, was da ist, punktum.
- *Zweitens:* Meine Ernährungsbedürfnisse hatten sich verändert. Das war für mich sehr erstaunlich. Ich hatte Orangensaft und Mineralwasser mitgebracht, aber nicht angerührt. Ich hatte grünen und schwarzen Tee mitgenommen, aber nur heißes Wasser und Kräutertee getrunken. Keine Lust auf Schokolade, Wein oder anderes, was ich sonst besonders schmackhaft finde. Ich kochte nur einfache Gerichte und habe weniger als sonst gegessen. War das nur darauf zurückzuführen, dass ich keine Impulse von außen bekommen hatte? Keine Werbung, keine Auswahl im Supermarkt? Ich denke, es war das nach innen gerichtete Leben, das mich sensibler machte für die Zeichen meines Körpers.
- *Das dritte Aha-Erlebnis:* Das Leben entwickelt sich von innen. Im Alltag leben wir nach äußeren Vorgaben. Wir richten uns nach Terminen, Vorgaben im Beruf, nach den Bedürfnissen des Partners, nach Informationen aus Zeitungen, der Werbung oder dem Fernsehen. Selbst wenn wir ein Buch lesen, nehmen wir etwas von außen auf.

Wenn wir eine Woche lang nichts aufnehmen, gewinnen wir völlig neue Erkenntnisse über uns selbst. Die leise Stimme, die von innen kommt, bekommt eine Chance. Unsere Augen öffnen sich für andere Eindrücke und nehmen anders wahr.

Unsere Umgebung wird wirklich. Ohne Impulse von außen werden wir nicht abgelenkt. Ich gehe in die Natur und kann mich mit ihr einschwingen. Keine störenden Gedanken sind da, die sich wie eine Mauer vor die Umgebung stellen. Ich sehe mehr, ich freue mich an kleinen und großen Dingen, an Fliegenpilzen und an der Milchstraße in der Nacht.

Eine Woche Innehalten hatte mich mir und dem Leben nähergebracht. In einer neuen inneren Stille ruhend spürte ich eine große Kraft und Lebenslust, wieder Neues anzupacken.

Eine Woche vollkommenen Nichtstuns ist nicht vergleichbar mit dem, was wir gewöhnlich Urlaub nennen.

Frisch vom Berg zurückgekehrt, gab ich diese Erfahrung bald darauf in meinem Zen-Zentrum weiter. Ein junger Mann fragte mich um Rat wegen seines bevorstehenden Urlaubs. Er hatte schon auf den höchsten Wellen gesurft und kannte die meisten Strände der Welt. Er wusste, dass ich lange Zeit in Japan gelebt hatte, und wollte wissen, wo es in Japan gute Strände zum Surfen gäbe. Im weiteren Gespräch stellte sich heraus, dass er im Beruf sehr eingespannt war und endlich eine Auszeit haben wollte, wo er alles vergessen konnte. Er schwankte zwischen Bali und den südpazifischen Inseln. Ich riet ihm, eine »echte« Auszeit zu nehmen und eine Woche auf einer Hütte in den Bergen zu verbringen. Er sollte so wie ich nichts mitnehmen, das seine Langeweile zerstreuen könnte. Praktischerweise hatte einer seiner Freunde ohnehin eine Almhütte in den Tiroler Bergen, und so zog er für sieben Tage dorthin.

Und was sagte der weitgereiste Surfer, der von Hawaii bis Indonesien alle Strände kannte, nachdem er zurückgekehrt war? »Das war das schrägste Erlebnis, das ich bisher hatte.«

Es war nichts mehr da, in das der Geist flüchten konnte. Er musste bleiben, wo er war, und so gab er sich für jeden Tag ein Motto, quasi eine geistige Struktur, mit der er sich beschäftigen konnte. An einem Tag war es »Klarheit«, am nächsten Tag »Respekt« und so weiter.

Ein amerikanischer Künstler machte ein ähnliches Experiment, nur für längere Zeit. Robert Irwin beschloss, acht Monate lang in einer Hütte auf Ibiza zu verbringen, ohne mit einem Menschen zu sprechen. Er schreibt: »Es war ausgesprochen schmerzhaft, besonders am Anfang. Im Alltagsleben bist du immer an alle Möglichkeiten angesteckt. Jedes Mal, wenn dir langweilig wird, steckst du dich irgendwo an. Du rufst jemanden an, du liest eine Zeitschrift, du gehst ins Kino, du machst irgendetwas. Und all das, was du machst, wird deine Identität, deine Art, lebendig zu sein. Du identifizierst dich mit all dem. Als ich nach Ibiza gefahren bin, zog ich alle Stecker heraus, jeden, einen nach dem anderen: Bücher, die Sprache (ich sprach kein Spanisch), soziale Kontakte. Was dann an einem bestimmten Punkt passiert, wenn du die letzten Stecker herausziehst, ist wie im Zen, kein Ego zu haben. Es ist beängstigend. Du denkst, du könntest dich verlieren. Und die Langeweile wird sehr schmerzhaft. Dir ist schrecklich langweilig, du bist alleine und verwundbar, denn nichts von außen hilft dir in deinem Dasein. Aber wenn alle Stecker draußen sind, dann wirst du nach einer Weile gelassen. Es ist grandios. Es wird ganz angenehm, weil du draußen bist, du bist absolut draußen.«[29]

»Unplugged« ist also zunächst beängstigend, danach befreiend.

Das Sabbatical

Kreative Menschen nehmen sich häufig alle paar Jahre mal vollkommen aus dem Alltag heraus. In seinem TED-Vortrag erzählt Stefan Sagmeister, Designer aus New York, dass er alle sieben Jahre Auszeit von seinem Design-Studio nimmt. Dieses eine Jahr hilft ihm, aus einem Job des immer Gleichen wieder seine Freude an der Arbeit und Kreativität zu wecken. Er stellt folgende Rechnung an: 25 Jahre lernt der Mensch. 40 Jahre arbeitet er, und 15 Jahre verbringt er in seiner Pension. Nimmt er von seiner Pension fünf Jahre weg und verteilt sie auf sein Arbeitsleben, dann inspiriert ihn dieses eine Jahr so sehr, dass er für die Gesellschaft viel mehr beitragen kann als später, wenn er gerade mal als Opa seine Enkel betreut. In seinem Jahr des Zeitvakuums gibt es keine Vorgaben. Doch hat er die Erfahrung gemacht, dass er sich selbst in dieser Zeit schützen muss. Sonst verbringt er das Jahr damit, E-Mails zu erledigen, statt etwas ganz anderes zu tun. Das letzte Mal wohnte er auf Bali, und alle Ideen der folgenden sieben Jahre wurzelten letztlich in diesem Aufenthalt. Da las er Bücher, für die er nie Zeit gehabt hatte, und er begann zu meditieren, mit unterschiedlichem Erfolg.

Was alle diese Auszeiten vom Alltag so wertvoll macht, ist die Zweckfreiheit. Man macht etwas, ohne sich etwas davon zu erwarten. Selbst wenn Stefan Sagmeister weiß, dass er für die nächsten sieben Jahre Kreativität tankt, gestaltet er sein freies Jahr zweckfrei. Wenn er darauf warten würde, dass sich in dieser Zeit eine Erfindung oder eine neue Idee einstellen, dann wäre er fixiert und unfrei. Ein zweckfreier Zwischenraum entfaltet sich nur, wenn wir dort sind, wo wir sind und nicht mit dem Kopf woanders. Es ist wie mit einer Blume. Sie entfaltet sich, wenn man sie »lässt«: sich entwickeln lässt, wachsen lässt, ohne dass wir an ihr zupfen und auf die Blüte warten. Zwischenraum braucht Ruhe und Dasein ohne Erwartungen. Erwartungen ziehen uns vom Moment weg, und vom Moment weg zu sein heißt, von uns selbst weg sein. Im Zwischenraum gehen unsere Gedanken in keine Richtung, weder in die Zukunft noch in fremde Lebenswelten. Darum hatte ich nichts auf die Almhütte mitgenommen. Denn auch ein Buch befördert uns woandershin.

Im Alltag laufen wir von früh bis spät Zielen nach. Ich muss die Rechnungen einzahlen, damit sie vom Tisch sind. Ich muss das Frühstück vorbereiten, damit die Kinder etwas zu essen haben. Ich muss das Auto zum Mechaniker bringen, um die Zulassung für das nächste Jahr zu sichern. Der zweckfreie Zwischenraum befreit uns vom »Um-Zu-Leben«.

Innehalten und Nichtstun nimmt das Tempo weg, um dem zu lauschen, was in uns und um uns ist. Es führt uns in unsere Mitte, in unsere Kraft und Quelle des Schöpferischen. In die tiefe Stille.

Die erhabenste Form des Nichtstuns ist für mich die Zen-Meditation. Schauen wir sie uns genauer an!

3
Zen:
Nur im ruhigen Wasser
sieht man klar

Haben Sie schon einmal in einem seichten See gestanden? Zum Beispiel in einem ungarischen Steppensee, in einem Schotterteich oder im Neusiedlersee? Diese Badeseen sind wegen ihrer geringen Tiefe beliebt, weil sie sich schnell erwärmen. Für mich fühlen sie sich wie eine schlammige Badewanne an. Die Wärme ist angenehm. Aber jedes Mal, wenn ein Mensch hineinwatet, wird Schlamm aufgewühlt, sodass eine braune, undurchsichtige Brühe entsteht, und das bei läppischen einem bis zwei Metern Tiefe.

In so einem Zustand befindet sich unser Geist die meiste Zeit. Am Morgen schrillt der Wecker und holt uns aus dem Tiefschlaf, der erste Schock des Tages. Dann servieren uns die Radionachrichten die Kriege und Erdbeben der Welt direkt zum Frühstückskaffee dazu. Wieder Aufregung. Dann denken wir nach, was heute im Beruf ansteht. Erste Anzeichen von inneren Widerständen und Sorgen. Wenig später sitzen wir im Auto und ärgern uns über Stau und rücksichtslose Autofahrer. So geht es den ganzen Tag. Wenn wir zwischendurch mal die Chance auf Ruhe hätten, dann lassen wir uns gerne von Smartphone oder Tablet ablenken. Andauernd wirbeln wir Schlamm in unserem Leben auf.

Wie kann da jemals Klarheit in unserem Herzen und Kopf

entstehen? Dort wabert eine braune Brühe, die nie zur Ruhe kommt. Wenn wir nie einen anderen See kennengelernt hätten, wüssten wir nicht, dass es glasklare Bergseen gibt. Und so wird der aufgeregte Zustand des Alltags zu unserer täglichen Seinsweise, und da alle anderen auch so leben, meinen wir, das wäre normal.

Für mich hat sich durch Zen ein Weg in die Klarheit geöffnet. Ich setze mich auf die Meditationsmatte, und alle Sorgen und Aufgeregtheiten setzen sich mit mir zur Ruhe. Die undurchsichtige Brühe, die es auch in meinem Alltag gibt, wird ruhiger und ruhiger. Die Schlammpartikel setzen sich ab. Der Geist wird klar. Zen ist so einfach: Ich muss nichts denken, mir nichts vorstellen, mir keine CD anhören und nichts wissen.

Wenn die Sinne ausruhen dürfen

Wenn Sie durch das Fenster eines Zen-Zentrums ins Innere sehen, sitzen dort Menschen in zwei Reihen und tun scheinbar – nichts. Sie sitzen mit aufrechtem Rücken vollkommen bewegungslos wie Statuen, die Augen halb geöffnet. Es herrscht Ruhe im Raum. Tun sie nichts?

Ich begegne oft Menschen, die sagen: »Ah, du meditierst? Ich habe so viel Stress, ich könnte auch ein bisschen Entspannung gebrauchen!« Meditation gilt bei vielen Menschen als Erholung von Stress und als Harmonisierung des Körpers und Geistes. Die Werbung hat die Sehnsucht nach Entspannung vom stressigen Alltag aufgegriffen und damit das Wort Zen oft mit Vorstellungen von Wellness, Gesundheit, Harmonie und Entspannung verknüpft. Ich erinnere mich noch an einen Fernsehspot, in dem eine asiatische Schönheit in weißem Yoga-Outfit mit friedlich entspannten Zügen vor einer grünen Naturkulisse zu meditieren schien. Dazu lief esoterische Musik, und eine weiche Stimme warb für grünen Zen-Tee.

Die Dame hätte genauso auch für chinesische Kräuter oder ein Thermal-Spa werben können. Viele dieser Entspannungs-Angebote laufen unter dem Namen »Zen«. Da tauchen Bilder vom Planschen in warmem Wasser auf, von Shiatsu oder Tuina-Massagen und vom Relaxen mit einer Schale Tee in der Hand.

Ist dieses Nichtstun Zen? Das Wort Zen geht auf das alte Sanskritwort *dhyana* zurück und bedeutet wie zuvor gesagt »Versenkung«. Was genau ist Versenkung? Versenkung bedeutet, unsere Aufmerksamkeit und Energie nach innen zu richten und sie immer tiefer in unser Inneres sinken zu lassen.

Der erste Schritt, unsere Aufmerksamkeit nach innen zu lenken, ist, unsere Sinne zu beruhigen und den Schlamm des Alltags loszuwerden.

Solange Sie Reize von außen aufnehmen, so lange beschäftigt sich das Gehirn mit Denken. Es ist unmöglich, auf dem Gehsteig zu gehen und nicht zu denken. Sie sehen Autos und Busse. Sie sehen Plakate, Sie sehen Geschäfte, Sie sehen Werbung. Bei jedem Reiz – so will es unser evolutionäres Erbe – checkt das Gehirn blitzschnell: »Ist das gefährlich? Ist das für mich interessant? Ist es essbar? Ist diese Person der Beachtung wert?« Dieses Abchecken geschieht jede Sekunde auf einer unbewussten Ebene. In Informationseinheiten gerechnet verarbeiten Sie pro Sekunde eine Million Bit an aufgenommenen Reizen. Nur wenige Gedanken, mit 40 Bit pro Sekunde, schaffen es an die bewusste Oberfläche, das ist ein Bruchteil (ein 25 000stel) des insgesamt Wahrgenommenen.[30] Müssten Sie alle Überlebensprogramme mitdenken und nicht mit 40 Bit, sondern mit einer Million Bit bewusster Gedanken in Ihrem Kopf umhergehen, würde da nicht Ihr Kopf platzen?

In der Menschheitsgeschichte sicherten die Augen und die Ohren unser Überleben in der Welt. Aufgeregtes Schreien oder herannahende Schritte konnten Lebensgefahr bedeuten. Die Ohren merkten auf, wenn die Vögel ihre Melodie änderten, denn dann wussten die Menschen, dass ein Gewitter im Anmarsch ist. Knackte ein Ast, konnte es ein wildes Tier sein, das sie bedrohte.

Heute hören sie quietschende Autoreifen, Flugzeuglärm in der Luft und die Technobässe eines Nachbarn. Da wollen wir unsere Ohren nicht spitzen, sondern eher zuklappen. Viele Menschen auf der Straße oder in der U-Bahn tauschen eine Geräuschkulisse gegen eine andere, indem sie Kopf- oder Ohrhörer aufsetzen. Mit Ohrhörern am Kopf hören sie ihre Lieblingsmusik, selbst wenn rundherum der Verkehr vorbeibraust und die Nachbarn ins Handy schreien. »Wenn es schon laut zugehen muss, dann suche ich mir selbst aus, was ich hören will«, denken sich wohl viele. So wird das Aufsetzen von Ohrhörern zu einem Akt der Selbstbestimmung.

Auch die Augen werden heute überfüttert. Mehr als die Hälfte der Gehirnkapazität ist damit beschäftigt, dass wir in unsere Umgebung schauen, und diese ist komplex.[31] Die Werbebranche spricht alleine von 4500 bis 10 000 Werbebotschaften, die wir täglich sehen, ob wir wollen oder nicht.

In dieser Welt fühle ich mich wie eine Gans. Mastgänse essen nicht, wenn sie hungrig sind, sondern wenn sie müssen. Der Mäster schiebt ihnen mit einem 50 Zentimeter langen Metallrohr ein Kilogramm Maisbrei in den Schlund. Umgerechnet auf den Menschen wären das 14 Kilo Spaghetti am Tag. Dadurch vergrößert sich die Leber um das Zehnfache innerhalb von drei Wochen. Dann sind sie schlachtreif. Wenn ich mir vorstelle, dass ich am Tag 14 Kilo Spaghetti essen müsste, dann wäre ich bis oben hin voll. 10 000 Werbebotschaften täglich sind wie 14 Kilo Spaghetti. Wir bekommen ein Stopfhirn.

Der erste Schritt im Alltag, zu mehr Klarheit zu kommen, besteht darin, einen Ort zu finden, wo sich unsere Sinne ausruhen können. Für zunehmend mehr Menschen ist ein Zen-Zentrum der Hort der Stille.

Während der Zen-Meditation ereignet sich äußerlich nichts. Die Augen sind offen, aber sie schauen nicht herum. Die Ohren sind offen, jedoch gibt es nicht viel zu hören.

In einem Zen-Übungsraum, einem Zendo, gibt es nichts zu sehen und nichts zu hören. An den Wänden hängen keine Bilder. Die Matten links und rechts aufgereiht, sollte der Raum auch immer gleich aussehen. Denn jede kleine Änderung, die die Augen wahrnehmen, würde sofort zum Nachdenken führen. Warum liegt der Glockenschlägel links statt rechts? Oder: Warum sind diesmal weniger Matten aufgelegt als sonst? Es würde das Gehirn anregen, den Gedankenmotor wieder anzuwerfen.

Einheitlich ist auch die dunkle Kleidung. Einmal saß eine Frau mit rotem T-Shirt und einem silbernen Paillettentiger auf der Brust unter den dunkel Gekleideten. Sie fiel auf wie ein Rothaarschopf unter Japanern. Ein anderes Mal ging in der Reihe der Gehmeditation ein Mädchen mit lila-rosa Ringelsöckchen. Bei jedem Schritt sah ich aus den Augenwinkeln die Bewegung der geringelten Füße, und schon – selbst wenn ich schmunzelte – war mein Denken abgeschweift.

Ganz still, ganz da, ganz wach

Was machen die Augen während der Meditation? Anders als bei anderen Meditationsarten bleiben die Augen halb geöffnet. Das ist für die meisten Menschen anfangs gewöhnungsbedürftig. Die Augen sollen nicht herumschauen, aber sind doch offen? Warum? Ein Mann Mitte vierzig sagte nach seinem ersten Sitz-Versuch: »Anfangs dachte ich, dass es mich ablenken würde, die Augen offen zu halten. Doch ich habe bemerkt, dass ich mehr ›da‹ war und auch wacher.« Eine genaue Beobachtung für den ersten Versuch.

Wenn wir die Augen schließen, dann erscheint gewöhnlich ein innerer Film. Ein Bild reiht sich an das andere, und unsere Aufmerksamkeit wird weit weggeleitet. Oft fängt es mit einem Bild an, das wir gerade noch vor unseren Augen hatten. Daraus ergibt sich eine Reihe an traumähnlichen Sequenzen, ähnlich wie beim Einschlafen. So führen geschlossene Augen schnell zum Dösen. Versenkung bedeutet jedoch geistige Wachheit. Offene Augen helfen uns im Moment, »da« zu sein und nicht weg zu driften.

Auch für die Ohren gibt es nichts zu hören. Im Zen-Raum wird nicht gesprochen, Klangsignale ersetzen die Worte. Die Meditationsleiterin schlägt nur eine helle kleine Glocke an, die den Anfang und das Ende der Meditationsrunde ankündigt. Für mich ist es wohltuend, dass niemand spricht. Mein Leben lang war ich in permanenter Aufnahme- und Alarmbereitschaft wegen meiner Hörschwäche. Meine Klassenkameradinnen spotteten teilweise über mich, teilweise bemitleideten sie mich. Denn so sehr sie mir die Jahreszahl zuflüsterten, die mein Geschichtslehrer wissen wollte, so wenig verstand ich sie. Nie konnte ich mich wirklich entspannen. Beim Meditieren darf ich meine Ohren abschalten.

Versenkung bedeutet, nichts mehr von außen aufnehmen zu müssen. Augen, Ohren, Zunge, Nase und Mund können einfach »sein«, sie müssen nichts tun. Die Augen sind nicht geschlossen, sie dürfen ihren Blick am Boden ausruhen lassen. Die Ohren dürfen sich in der Stille zurückziehen. Niemand räuspert sich, keine Bewegung stört die Stille. Auch die Nase ist frei, sich auszuruhen. Zen-Räume sind gut durchlüftet, und Parfums sind tabu. Der Mund ist entspannt und geschlossen. Er muss nicht reden und nicht schmecken. Alle Sinne können zur Ruhe kommen, äußere Reize sind weitgehend ausgeschaltet.

Wundern Sie sich nicht, wenn Sie zum ersten Mal einen Zen-Raum betreten. Alle machen das Gleiche. Alle begrüßen den Raum mit einer Verbeugung und gehen in der gleichen Haltung ohne Umwege auf ihren Platz. Sie schauen nicht herum, sie lächeln einander nicht zu. Das ist kein Akt der Unfreundlichkeit. Es ist nur die optimale Vorbereitung darauf, in diesem Raum Ruhe zu finden.

Alle setzen sich hin und nehmen die gleiche Haltung ein. Gerade Wirbelsäule, die Hände in- oder aufeinandergelegt. Vollkommen ruhig. Von außen gesehen tun sie nichts.

Nur der Atem strömt ein und aus. Er verbindet das Außen mit dem Innen und auch das Innen mit dem Außen. Versenkung bedeutet, sich seinem strömenden, leichten Rhythmus zu überlassen. Der sanfte Rhythmus des Ein- und Ausatmens befreit ihre Sinnesorgane von allem Unnötigen und reinigt sie von allem Gehörten, Gesagten und Gedachten, von Bildern, Worten und Gedanken.

Denken Sie noch einmal an das Beispiel mit dem Steppensee. Ist der See ruhig, ohne Wind, der darüberstreicht, ohne Boote und ohne Menschen, die hineinwaten, dann wird der See klar. So ähnlich ist es mit den Reizen. Setzen Sie sich eine halbe Stunde zur Meditation hin. Der Atem ist das Einzige, was sich bewegt. Sie werden bemerken, dass das »Wasser« klarer geworden ist. Sie stellen fest, dass Sie ruhiger werden und Ihr Kopf klarer.

Versenkung ist – anders als Schlaf – ein aktiver Zustand. Demgegenüber ist Denken im Alltag, provokant gesagt, oft passives Gehenlassen. »Das verstehe ich nicht«, werden manche von Ihnen sagen. »Versenkung ist aktiv und Denken ist passiv?«

Das sich verselbstständigende Denken

Wenn ich Menschen in die Zen-Meditation einführe, bitte ich sie, mit mir ein Experiment zu machen. Alle setzen sich entspannt hin und schließen die Augen. Ihre Aufgabe besteht darin, an nichts Spezielles zu denken, sondern einfach nur abzuwarten, was passiert. Es ist still im Raum. Manchmal dringt ein Geräusch von außen herein wie ein Auto, das Gas gibt, oder das Ticken der Uhr.

Nach einer Minute öffnen alle auf ein Zeichen hin die Augen. Ich frage dann, was sich in dieser einen stillen Minute des Nichtstuns ereignet hat. Viele hatten Geräusche wahrgenommen, die sie sonst nicht bemerkt hätten. Die meisten waren erstaunt, wie viele Gedanken in ihrem Kopf herumschwirrten, ohne dass sie aktiv nachgedacht hatten, oft waren es ganze Assoziationsketten. Petra, eine Frau in den Dreißigern, meinte: »Zuerst war mein Gedanke, ›wie lange dauert dieser Abend‹, und dann, ob ich noch die Parkgebühr vor Ende des Abends verlängern muss. Dann sah ich mein Auto bildlich vor der Pizzeria stehen. Das führte mich zur Pizza, die ich unlängst bei mir um die Ecke gegessen habe. Da war ich mit meinem Freund, der sich über den Rotwein beschwert hat. Und so ging es weiter und weiter.« So wie Petra erkennen viele, dass ihr Kopf einfach so vor sich hindenkt, ohne dass sie bewusst wissen, was er da eigentlich tut. Ihr Kopf übernimmt ganz selbstständig das Ruder. So »werden« sie gedacht, es sind nicht sie, die das Denken steuern. Das meine ich damit, dass das Denken häufig eine passive Tätigkeit ist. Der Zen-Meditierende hingegen bremst dieses passive Denken aktiv aus, indem er sich einem ruhigen Zustand hingibt.

Zum Abschluss stelle ich oft noch die Frage, wie viele Gedanken die Teilnehmer schätzungsweise in dieser einen Minute gedacht haben. Die Schätzungen gehen da weit auseinander, von 10 bis 100 Gedanken geht die die Bandbreite. Durchschnittlich sind es bei den meisten zwischen 25 bis 30 Gedanken. Rechnet man diese Anzahl der Gedanken auf die 16 Stunden ihres Wachzustands hoch, dann kommen sie auf 24 000 Gedanken pro Tag, von denen sie »gedacht werden«.

Zen ist wie Fastenzeit für den Geist: kein Sehen, kein Hören, kein Riechen, kein Schmecken, kein Berühren, kein Denken.

Nur der Atem zählt

Nicht nur die 24 000 Gedanken sind das Problem, es ist auch die Fragmentierung unseres Geistes. Einmal war mein Computer so langsam geworden, dass kein Speicherplatz mehr übrig war. Das Fenster »Kein Speicher auf Ihrem Startvolumen« ploppte immer auf, nichts ging mehr. Also rief ich unseren Sohn an, meinen Schutzengel für alle Computerbelange. Seine Diagnose lautete: »Der Arbeitsspeicher ist voll. Bei diesem Computer ist er von vorneherein zu klein bemessen.«

Zu viele Programme mit riesiger Speicherkapazität waren gleichzeitig offen gewesen. Da bewegt sich nichts mehr. »Der Computer braucht ca. 5 bis 20 Prozent Freiraum, sonst nimmt die Fragmentierung überhand. Je voller ein Dateisystem belegt ist, desto wahrscheinlicher tritt auch Fragmentierung auf, da die freien Bereiche immer kleiner werden«, lernte ich bei Wikipedia.

Auch Menschen würden am liebsten »abschalten«, wenn zu viel in ihrem Kopf ist. Wenn der Bericht bis zum Abend geschrieben sein soll, gleichzeitig eine Kollegin noch dringend meine Mithilfe braucht und die Kunden permanent das Telefon läuten lassen, dann wird das Gehirn – je zahlreicher die Aufgaben – fragmentiert. Worauf soll man sich dann konzentrieren? Dann ist man nur noch mit Löcherstopfen beschäftigt, kann aber keinen klaren Gedanken fassen.

Multitasking verlangsamt ungemein, auch wenn es praktisch sein kann. Ich kenne eine überzeugte Multitaskerin. Ina hört während des Autofahrens Musik, klemmt sich das Handy zwischen Schulter und Ohr und managt ihr Büro und ihre Kinder per Telefon, während sie den langsamen Vordermann noch überholt. Wie die meisten Multitasker meint Ina, sie würde ihr Leben so besser in den Griff bekommen. Das ist eine sehr subjektive Sicht.

Ein US-amerikanischer Forscher hatte sich erklärte Multitasking-Freaks vorgenommen und gemessen, wie gut sie tatsächlich beim Arbeiten abschnitten.[32] Entgegen ihrer eigenen Einschätzung verrichteten sie ihre Arbeit schlecht. Sie konnten nicht zwischen wichtigen und unwichtigen Aufgaben unterscheiden, weil sie gar nicht mehr wussten, was sie im Moment gerade taten.

Selbst wenn wir Multitasking vermeiden, stehlen sich leicht Ablenkungen in unser Arbeitsumfeld. Alerts, digitale Erinnerungen, Blink- und Piepsignale, Flötenmelodien, hüpfende und ein Update verlangende Computericons und nicht zuletzt Cc-adressierte E-Mails häufen sich. Schätzungen zufolge verbringen wir 25 bis 50 Prozent des Arbeitstages nur damit, uns von Unterbrechungen zu erholen und uns dabei zu fragen: »Wo war ich gerade?«[33]

Zen führt den Geist in eine Welt ohne Unterbrechungen. Eine junge Frau kommt seit vielen Jahren in unser Zen-Zentrum. Was sie suche, fragte ich sie einmal. »Stille«, war die Antwort. »Nichts zerrt hier an mir. Ich kann einfach für mich sein.« Vor einem Jahr bekam sie ein Baby. Ich erwartete, dass sie nun keine Zeit mehr hätte, meditieren zu kommen. So war es aber nicht. Nach sechs Wochen war sie regelmäßig wieder da. Sie hat zwar überhaupt keine freie Zeit für sich selbst. Doch einmal in der Woche gönnt sie sich den »Luxus«, so sagte sie wortwörtlich, nur für sich sein zu können. Diese zwei Stunden sind für sie der Zwischenraum im Chaos ihres täglichen Lebens als junge Mutter. Eine festgefügte Zeit mit klarem Anfang und Ende. Dorthin kann ihr niemand folgen und etwas von ihr wollen.

Im Zen-Übungsraum ereignet sich äußerlich nichts, innerlich schon. Die reglosen Gestalten »tun« etwas beim Nichtstun, sie konzentrieren sich auf ihren Atem. Er führt sie in die Tiefe der Versenkung und damit in einen inneren Raum der Stille, in dem sich Gedanken auflösen wie Nebelschwaden in der Sonne. Gestern fuhr ich mit meiner Nachbarin, die regelmäßig meditiert, im Auto. Sie sagte: »Durch Zen bekomme ich Freiraum im Kopf. Deshalb tut es mir so gut.«

4
Den wahren Rhythmus
wiederfinden

Die Arbeitswelt scheint uns keine Wahl zu lassen. Wir müssen
Überstunden machen, um das Projekt fristgerecht abzulie-
fern. Wir müssen das Projekt fristgerecht abliefern, weil wir
sonst unseren Arbeitgeber in die Bredouille bringen. Wenn
wir das öfter tun, werden wir gekündigt. Wenn wir gekündigt werden, können wir unsere Familie nicht mehr ernähren.
Deshalb denken viele Menschen: »Ich muss nur noch ...«, und
»wenn dieses Feuer gelöscht ist, dann werde ich mir mehr
Zeit zum Erholen gönnen«.

Genau diese Worte hatte mein Bruder Werner zu mir gesagt.
Ich bewunderte und mochte ihn sehr. Er war ein begabter, sehr
kreativer Kopf. Äußerlich wirkte er ruhig, sogar introvertiert.
Dem widersprach sein hektisches Rauchen, bei dem er es auf
60 filterlose Zigaretten am Tag brachte. Innerlich vibrierte er
vor Drang, sich auszudrücken. Er war Regisseur, zuerst in The-
ater und Oper, später im Fernsehen. Er unterschied sich von
anderen durch seine Kreativität und seinen originellen Zugang
zur Arbeit. Seine unerschöpflichen Ideen nährten jedoch auch
seine inneren Jagdhunde, er arbeitete wochenlang durch.

»Woess stand vor seinem internationalen Durchbruch«,
schrieb man in österreichischen Zeitschriften.[34] Er hatte
sich durch Dokumentationen über Musik und Kunst sowie
durch Krimiserien wie den Tatort bereits einen guten Namen

gemacht. Bei einem Waldspaziergang erzählte er mir im Januar, er hätte sich mit den vielen Projekten übernommen, und er fühle sich nicht sehr wohl. Doch die Vorsorgeuntersuchung hätte ihm bescheinigt, er wäre durchaus gesund. Wenn er die vier laufenden Filmprojekte abgeschlossen hätte, sagte er, würde er sich im Sommer einmal wirklich von allem zurückziehen und zwei Monate Urlaub machen. Doch jetzt waren seine Wochen sehr dicht.

Montag früh fuhr er von Wien nach München, dort drehte er vier Tage lang für RTL, dann flog er Donnerstagabend nach London für eine amerikanisch-europäische Koproduktion, von London am nächsten Morgen nach Südafrika zur Motivsuche und Drehortbesichtigung für ein weiteres Projekt, Sonntag via London zurück nach München, in der Woche darauf zwei Tage Wien, dann wieder München. Nebenbei renovierte er mit seiner Frau noch sein Zweithaus in den Bergen und kümmerte sich zwischendurch um die Erhaltung seiner fünf Oldtimer.

Er nahm sich keine Zeit, um auszuruhen und seine Kräfte wieder zu regenerieren. Eines Tages im April fuhr er nach Mitternacht nach einem langen Arbeitstag nach Hause. Im Auto wurde ihm übel. Er hielt an und bat einen Passanten, Hilfe zu holen. Doch es war bereits zu spät. Sekunden später platzte seine Hauptschlagader, und sein Herz pumpte das Blut statt durch den Kreislauf direkt in seinen Körper. Mein Bruder war 47 Jahre alt geworden.

Er hatte nur einmal zu oft zu sich gesagt: »Ich muss nur noch ...«.

Das Leben verläuft in Sinuskurven. Einmal steigt die Kurve an, danach steigt sie wieder ab. In der Arbeitswelt tun wir jedoch häufig so, als ob es immer nur bergauf ginge. Wenn es immer nur bergauf gehen soll, holen wir aus uns noch die letzten Reserven hervor.

Nach Yang kommt Yin

Wir sind jedoch nicht dafür gemacht. Wir sind keine Maschinen, sondern lebende Wesen. Wir atmen ein und atmen wieder aus. Das Herz schlägt rhythmisch. Jedes Organ hat seinen eigenen Rhythmus. Der Rhythmus des Lebens ist Einatmen, Ausatmen, Kontrahieren und Ausweiten, Aufnehmen und Abgeben, Aufgreifen und Loslassen. Diesen Rhythmus finden wir überall.

Die alten Chinesen haben die Rhythmen der Natur beobachtet und menschliche Tätigkeiten den Konzepten Yin oder Yang zugeteilt. Einatmen – yang, ausatmen – yin; kontrahieren – yang, ausweiten – yin; aufnehmen – yang, abgeben – yin; aufgreifen – yang, loslassen – yin.

Frühling ist zum Beispiel eine Yang-Zeit. Die Kräfte der Pflanzen streben nach außen und oben. Die Blätter entwickeln sich und die Stängel schießen in die Höhe. Manchmal geht es so schnell, dass wir denken, wir könnten zusehen, wie sich die Pflanzen nach oben recken und wachsen. Im frischen Grün der zarten Blätter spürt man förmlich die innere Kraft, die sich nach außen entfalten will.

Auch der Sommer ist eine starke Zeit der Yang-Entfaltung. Nach und nach werden aus Blüten Früchte. Nun brauchen die Pflanzen Feuchtigkeit, damit die Früchte größer werden und sich im Inneren der Früchte Samen entfalten können. Die Sonne tut zur Reifung ihr Übriges dazu. Irgendwann im Spätsommer wendet sich das Sonnenlicht, wird milder, und die Kurve, die sich im Frühling und Sommer nach oben entwickelt hat, erreicht den Zenit.

Ab diesem Zeitpunkt gewinnen die Yin-Kräfte die Oberhand. Die Kraft der Pflanzen ist nun nicht mehr auf das Wachsen nach außen gerichtet, sondern auf die Reifung. Die Kraft wirkt nun im Inneren, die Samen bilden sich voll aus.

Vielen Früchten sieht man den inneren Reifungsprozess an der gelben oder roten Farbe ihrer Schale an. Im Herbst sind sie reif und können geerntet werden. Sie fallen zu Boden, springen auf, und die Samen fallen heraus. Die Säfte der Blumen und Bäume ziehen sich in ihr Inneres zurück, und die äußeren Entfaltungen, die Blätter und Früchte, fallen ab. Die letzten Yang-Kräfte verschwinden, es ist die Zeit des Yin.

Im Winter schlafen die Pflanzen, und die Samen sammeln ihre Kräfte in ihrem Inneren. Sie sind in der Yin-Phase. Äußerlich ist nichts zu sehen, doch innerlich bereiten sie sich auf einen neuen Zyklus vor, der im Frühling wieder mit einem Anstieg des Yang beginnt.

In der Natur ist die Abfolge von Yin und Yang kontinuierlich. Oder können Sie sich vorstellen, dass Gräser unaufhörlich weiterwachsen? Dass Früchte nicht aufhören größer zu werden? Irgendwann müssen die Yang-Kräfte den Yin-Kräften weichen und umgekehrt. Die Natur zeigt, dass die Lebenskräfte eine Zeit des Aufbauens und eine Zeit des Zurückziehens brauchen. Das Eine bedingt das Andere und umgekehrt. Es ist ein Zyklus, der dem Leben innewohnt.

Wer nur im Yang lebt, brennt aus

Wir leben jedoch häufig so, als ob nur das Aufbauende etwas zählt. Die Kraft, die wir in unsere Arbeit stecken, die vielen Stunden hinter dem Computer, die Ziele, die Pläne, die Resultate. Die Yin-Phasen behagen uns nicht. Da geht nichts weiter, da geht die Sinuskurve hinunter, da tut sich nichts. Wir übersehen dabei, dass die Kurve hinuntergehen muss, sonst erleben wir keinen Rhythmus. Ohne Rhythmus gibt es kein Leben.

So wie Pflanzen und Tiere brauchen auch Menschen nach aktiven Yang-Phasen Yin-Phasen der Erholung. Sie lassen sich nicht bis später aufschieben.

So einleuchtend das klingt, so wenige leben danach. Die meisten Menschen ignorieren den naturgegebenen Rhythmus ihres Körpers. Jeder kennt in der heutigen Zeit jemanden, der vor dem Burnout steht oder schon mittendrin steckt. Coaches und Therapeuten, die Menschen mit Burnout, Erschöpfung und Überarbeitung beraten, haben heute viel zu tun.

Rhythmus statt Zeitmanagement

Meine Einschätzung wurde von einer Studie des Bundesamts für Arbeitsschutz und Arbeitsmedizin bestätigt. Jeder zweite Beschäftigte leidet unter Müdigkeit und Erschöpfung, Schlafstörungen oder Niedergeschlagenheit. Der Grund liegt in mangelnder Zeit zum Innehalten.[35]

Vor vielen Jahren kam ein Bankmanager in mein Zen-Zentrum. Er hatte schon Meditationserfahrung und wusste, wie wichtig Freiräume für Führungskräfte sind. Gerade Menschen in der Wirtschaft, die an Schaltstellen sitzen und für das (Arbeits-)Leben vieler Menschen verantwortlich sind, sollten zuerst ihr eigenes Leben in den Griff bekommen. Wir kamen immer öfter ins Gespräch und wurden schließlich Freunde. Als CEO einer großen Bank ermutigte er seine Mitarbeiter, Reflexionszeiten in ihren Arbeitsalltag einzubauen.[36] Nur wenn sie sich immer wieder herausnehmen aus dem täglichen Wahnsinn, so war er überzeugt, gewinnen sie einen klaren Blick, den »Überblick«. Dieser ist ganz wesentlich, um Probleme gut lösen zu können. »Raus aus den gewohnten Bahnen«, forderte er und begann ein mutiges Projekt.

Wir führten gemeinsam ein Halbjahresprogramm mit Zen-Meditation in seiner Bank durch. Jede Woche vor der Vorstandssitzung meditierten wir gemeinsam im 20. Stock des gläsernen Hochhauses mit jenen Führungskräften, die bereit waren mitzumachen. Alle Büros waren verglast, also verklebten wir unseren temporären Meditationsraum mit Packpapier. Vor der Türe standen die schwarzen geputzten Businessschuhe in einer Reihe aufgereiht. Das machte die anderen Mitarbeiter neugierig. Später forderten sie für sich ebenfalls das Recht auf einen eigenen Meditationskurs.

So lief es ab: Nach der Begrüßung meditierten wir eine halbe Stunde in Stille. Dann stellten wir ein Thema in den Raum. Ich erzählte etwas aus der Zen-Perspektive über Erfahrungen und Herausforderungen in der Arbeitswelt. Es konnte um Stress gehen, um Urteile und Vorurteile, um Gelassenheit, um Führung und Mitarbeitergespräche, um Entscheidungsschnelligkeit usw. Danach entspann sich oft eine Diskussion.

Diese Stunde vor dem eigentlichen Beginn der Arbeit war für die Vorstände eine wertvolle Zeit, um Atem zu holen und den Tag klarer zu beginnen. »Ich habe mir seitdem angewöhnt, das Auto früher stehen zu lassen und durch den Park zu Fuß ins Büro zu gehen. Mein Blick wurde dadurch weiter.« Eine größere Offenheit, verstärkte Teamfähigkeit und Empathie waren die Resultate dieser Zen-for-Leadership-Schulung. Ein Teilnehmer sagte zum Thema Empathie und Team: »Nichts ist so schön, wie mit meinen Kollegen zu schweigen.« Die wöchentliche Stunde Meditation und Reflexion haben eine bessere gemeinsame Basis für die anschließende Vorstandssitzung geschaffen.

Statussymbol Zeitknappheit

Friedhelm berät heute international Führungskräfte darin, ihre »Zeitfreiheit« und damit ihren klaren Blick zurückzuerobern. Ich traf ihn bei einer guten Tasse Kaffee in einem Wiener Café.

»Haben Manager heutzutage noch Freiräume?«, war meine Frage. Er lachte: »Wir fordern von unseren Assistentinnen der Geschäftsleitung immer: ›Schaffen Sie Freiräume!‹ Aber wenn diese dann die Termine herumschieben, um uns freie Räume im Kalender zu verschaffen, planen wir sie wieder zu. Manager ertragen Freiräume im Kalender nicht. Ein Manager definiert sich über Tätigkeit. Wenn nichts im Kalender steht, dann ›tut‹ er ja nichts. Das verursacht Angst. Denn wo nichts im Kalender steht, da ist nichts. Sie haben Angst, sich rechtfertigen zu müssen, dass nichts im Kalender steht, wenn sie Zeit zur Reflexion einplanen.«

Eben hatte er mit einem CEO gesprochen, der geklagt hatte, absolut keine Zeit mehr zu haben, irgendetwas zu lesen. Auch Zeit zum Nachdenken habe er nicht. Trotzdem müsse er laufend wichtige Entscheidungen treffen. Von einer Führungskraft wird erwartet, dass sie den Überblick hat. Wie soll sie sich einen Überblick verschaffen, wenn sie nur das Opfer des eigenen Kalenders ist? Der CEO sagte: »Ich bin durchgetaktet, jeden Tag, ohne Leerstellen dazwischen.« Friedhelm trug ihm auf, ein Kalenderblatt eines typischen Arbeitstages ausgedruckt mitzubringen. Beim Beratungsgespräch solle er es laut vorlesen, Stunde für Stunde und Position für Position. Dabei solle er immer wieder innehalten und wahrnehmen, wie er sich dabei fühlt. Hat er bei einigen Positionen Widerstände, gibt es Stacheln?

Seine Erfahrung zeigt: »Paradoxerweise fühlen sich Manager, die oben in der Hierarchie sitzen, fremdbestimmt. ›Das hat der gemacht, dort muss ich hin ...‹ Muss, muss, muss. Bringt man sie aber zum Reflektieren, warum diese Termine unbedingt notwendig sind, erkennen sie, wenn sie ehrlich sind, die meisten Positionen im Kalender müssen gar nicht sein. Sie hätten die Freiheit, mal den Kalender leer zu lassen.«

Er selbst nimmt sich wöchentlich an zwei Nachmittagen Zeit zum Reflektieren. Diese Zeitblöcke trägt er sich in seinen

Kalender ein. Zu diesen Zeiten wird nichts anderes eingeplant.

Es ist angenehm, mit ihm zu reden. Jemand, der sich oft
Zeit zum Reflektieren nimmt, gibt auch dem anderen Freiraum, spielerisch und im eigenen Tempo den Gesprächsfaden
aufzunehmen. So spinnen wir unsere Gedanken weiter. Ich
frage ihn, was sich eigentlich gegenüber früher geändert hat?

Hinter dieser Frage steht meine Erinnerung an Schwarz-
weiß-Filme aus den 60er-Jahren, in denen der Manager vom
Typ »behäbiger Bankdirektor« hektisch zum Telefonhörer
greift, zackig nach dem Fräulein Sekretärin ruft und ihr einen
Brief in ihren Stenoblock diktiert. Schon damals schien es
zum Status zu gehören, nie Zeit zu haben.

»Ja, stimmt, auch früher war die Zeit knapp«, sagt er. »Aber
trotzdem habe ich damals den Arbeitsalltag ganz anders
empfunden. Bevor ich ins Büro kam, habe ich höchstens eine
Zeitung gelesen, aber sonst war mein Kopf noch ziemlich
unbesetzt. Um halb neun kam meine Sekretärin zur Türe herein zur Postsitzung. Sie hatte die Post und die Zeitschriften
in einer großen dicken Mappe, und wir sind Seite für Seite
durchgegangen. Danach arbeitete ich und dachte nach. Am
Nachmittag um halb fünf Uhr kam sie wieder. Inzwischen hat
sie die Dinge geschrieben, die sie schreiben sollte. Heute sage
ich den Führungskräften, sie machen den ganzen Tag Postsitzung. Wenn du alle fünf Minuten in deine Mails reinguckst -
manche machen es jede halbe Stunde, andere jede Stunde
aber länger hält es keiner mehr aus –, was passiert? Da bist du
dann eine Viertelstunde drin. Da klickst du dich noch dahin
und guckst dir das an. Dann ist da noch ein Verweis, und du
musst noch schnell antworten. Die Ablenkung, die dadurch
verursacht wird, frisst einfach Zeit. Wenn du das zehnmal am
Tag machst und du bist jedes Mal eine Viertelstunde abgelenkt, sind das zweieinhalb Stunden. Den Rest musst du dann

irgendwie zusammenquetschen. Die Arbeit ist gleich geblieben, aber die Ablenkung stiehlt die Zeit. Es ist sicherlich auch eine höhere Dichte drin. Denn die Mails sollten innerhalb von fünf Minuten beantwortet werden. Wir haben keine Freiheit mehr, erst übermorgen zu antworten. Das stiehlt unsere Freiräume, wenn man nicht achtsam gegensteuert.«

Der Schlaf- und Wachrhythmus ist jener Rhythmus, den wir am intensivsten spüren. Der Schlaf ist uns von Natur aus zum Innehalten und Erholen gegeben worden. Wir neigen jedoch dazu, auch unseren Schlaf zu kürzen. Damit fällt unsere letzte Ruhebastion. Der Schlafforscher Mathias Basner sagt: »Es ist erstaunlich. Alle wissen, wie gut ihnen Schlaf täte, doch den meisten ist alles wichtiger als ausreichender Schlaf.«[37]

Am Abend gibt es nicht nur liegen gebliebene Arbeit, sondern auch gesellschaftliche Verpflichtungen. Was andere, weniger Vielbeschäftigte gerne untertags machen, dazu kommen Hochleister erst am Abend. Der moderne Arbeitsstil raubt vielen den Schlaf, das war das Ergebnis einer Studie der Max-Grundig-Klinik unter Führungskräften. Jeder zweite Manager schläft schlecht. Mehr als die Hälfte von ihnen ist ein bis zwei Stunden vor dem Schlafengehen noch online. Das verhindert einerseits, dass die Gedanken zur Ruhe kommen, andererseits kurbelt Licht mit starkem Blauanteil die Wachheit an. Nur die Dunkelheit der Nacht zeigt unserem Körper an, »jetzt ist Zeit, sich niederzulegen«. Schon geringe Lichtmengen am Abend und in der Nacht stören den geschlossenen Hormonkreislauf des Menschen. Sie wirken wie ein kleines Leck, durch das unentwegt geringe Mengen des Schlafhormons Melatonin versickern.[38]

Der Studienleiter, Prof. Dr. Curt Diehm: »Es ist offensichtlich, dass der moderne Arbeitsstil, rund um die Uhr online zu sein, vielen Führungskräften die innere Ruhe raubt. Wer sich bis spät in die Nacht und schon morgens kurz nach dem Aufstehen mit beruflichen Fragestellungen beschäftigt, kann zwangsläufig schwerer abschalten, was jedoch für einen tiefen und längeren Schlaf notwendig ist.«[39] Die Schlafdauer in Deutschland hat sich in den vergangenen hundert Jahren durchschnittlich um mehr als eine Stunde verkürzt.

Wenig Schlaf ist keine Voraussetzung für Erfolg

Wie Führungskräfte heute die Arbeit vor ihr Wohlergehen stellen, sieht man an der Gründerin der Online-Zeitung »The Huffington Post«, Arianna Huffington. Sie lebte jahrelang in Atemlosigkeit, ohne innezuhalten. Sie arbeitete Tag und Nacht und gönnte sich nicht mehr als vier Stunden Schlaf. Die mangelnde Ruhe beeinträchtigte ihre Konzentrationsfähigkeit und auch die Qualität ihrer Arbeit. Sie lebte in einer Art Erledigungsmodus, in dem sie nur noch auf äußere Ereignisse reagierte, aber nicht mehr das Zepter selbst in der Hand hatte. Huffingtons Körper machte schließlich nicht mehr mit. Sie knallte mit dem Kopf auf die Tischplatte, brach sich dabei den Kieferknochen und fand sich nach der Ohnmacht in einer Blutlache wieder. Das war der Weckruf ihres Lebens. Seither setzt sie alles daran, den Erfolgsstrebern bewusst zu machen, dass Schlafmangel keine Voraussetzung für Erfolg ist, sondern nur zu schlechten Entscheidungen und persönlichem Raubbau führt. Sie entscheidet sich heute aktiv für Ruhephasen. Das heißt zum Beispiel: keine elektronischen Geräte im Schlafzimmer. Ein guter Tag beginnt mit einer guten Nacht davor.[40] Sie hat ihren Rhythmus wiedergefunden. Genügend Schlaf ist der Anfang, einen guten Rhythmus wiederzufinden.

Am Beispiel von Arianna Huffington wird deutlich, was der Grund für einen solchen Zusammenbruch sein kann. Oberflächlich betrachtet hat sie sich zu viel zugemutet. Sie hatte hohe Ziele und besonders agile innere Jagdhunde. Geht man jedoch tiefer, dann sieht man den Riss, der in unserer Kultur zwischen dem Körper und Geist durchgeht.

Das Leben braucht Rhythmus. Rhythmus ist eine von den vielen Bedeutungen des japanischen Wortes *ma*. Wenn der Zwischenraum fehlt, dann geht der Rhythmus verloren. Statt Ihre Zeit zu managen und zu versuchen, noch effizienter zu arbeiten, empfehle ich Ihnen, mit dem Rhythmus des Körpers zu arbeiten statt gegen ihn.

Yin- und Yang-Zeiten

Im Trubel des Lebens vergessen wir oft, dass unser Körper seinen eigenen Gesetzmäßigkeiten folgt. Da mache ich und tue ich, weil mich meine Arbeit inspiriert und mir so viele Ideen im Kopf herumschwirren. Da passt Müdigkeit nicht hinein. Da will ich noch schnell etwas fertig machen, und dann fällt die Pause oder das Fitnesscenter ins Wasser. Zusätzlich schiebe ich bis zuletzt einen Artikel auf die lange Bank, »weil ohnehin noch Zeit ist«, und dann macht mir der Körper einen Strich durch die Rechnung. Da rächt sich das dauernde Überarbeiten. Dann bin ich zu müde, ich werde krank und muss trotzdem das Ding fertig machen. Und schon ist die Deadline-Katastrophe eingetreten.

Krank zu werden, stellt für den Körper die letzte Notbremse dar, sich seinen Erholungsraum zurückzuerobern. Wenn das passiert, muss schließlich auch der Kopf klein beigeben. Die Termine, die davor überlebenswichtig zu sein schienen, müssen plötzlich abgesagt werden, und wir bemerken erstaunt, dass die Welt trotzdem nicht untergeht.

Vielen Menschen ist nicht bewusst, wie stark ihr normaler Tagesablauf ihren inneren Uhren entgegenläuft. Die Impulse von außen sind so zwingend, dass das Gefühl für den inneren Rhythmus verloren geht.

Mein zunehmendes Gespür für Rhythmen hält mich ab, von weiten Reisen zu träumen. Ich lebe schon täglich oft gegen meinen natürlichen Rhythmus. Soll ich nach Sri Lanka, Südamerika oder Thailand fliegen und meinen Schlaf-Wach-Rhythmus wieder durcheinanderbringen? Was erholt meinen Körper besser? Eine Woche wandern in den Bergen oder am Meer in Italien oder eine Fernreise, die mich gewissermaßen aufputscht?

Neben dem Schlaf-Wach-Rhythmus gibt es noch einige andere Rhythmen, die uns nicht bewusst sind. Heute erforschen Chronobiologen die vielfältigen Rhythmen des Körpers. Entdeckt haben jedoch schon vor Jahrtausenden chinesische Ärzte, dass jedes Organ eine besondere Aktivitätsphase hat. Wenn wir diese berücksichtigen und nach dem Rhythmus des Körpers leben, geht es uns gut. Diese Organuhr, in der traditionellen chinesischen Medizin auch Chi-Zyklus genannt, bestimmt unser Wohlbefinden und unseren momentanen Aktivitätslevel. Schon ab dem frühen Morgen ist Yang-Zeit. Der Körper stellt sich auf Aktivität ein. Bewegung am Morgen unterstützt diese Aufwärtskurve. Zwischen neun und dreizehn Uhr steigt die Leistung kontinuierlich an. Ab dreizehn Uhr lässt unsere Kraft nach und vermindert sich bis zum nächsten Morgen bis auf ein kleineres Leistungshoch am späteren Nachmittag. Ab Mittag beginnt also die körperliche Yin-Phase.

Der Chi-Zyklus der Chinesen zeigt klar die Zeiten, in denen wir besonders fit sind, und die Stunden, in denen wir nicht arbeiten sollten.[41] Je nachdem, welches Organ aktiv ist, gibt es Tätigkeiten, die dem Körper besonders guttun.

Wie kann ein Yin-und-Yang-Arbeitstag ablaufen?

Danach wäre es ideal, zwischen fünf und sieben Uhr aufzustehen und den Zauber des Morgens in der Meditation und im Morgensport zu erleben. Bis neun Uhr sollten wir uns Ruhe für Frühstücken gönnen und das Gleichgewicht für den Tag herstellen. Dann ist bis dreizehn Uhr hartes Arbeiten angesagt, da haben wir am meisten Kraft. Die Zeit zwischen elf und dreizehn Uhr eignet sich besonders, mit Menschen zu sprechen, zum Telefonieren und um Konflikte zu lösen. Zu dieser Zeit des Charismas wirken wir am positivsten nach außen. Der frühe Nachmittag gehört dem Essen und der Entspannung. Es ist eine ruhige Zeit, und eine gute Phase, um Dinge rund um uns und in uns wahrzunehmen. Da eignet sich ein Gang durch das Unternehmen oder ein Spaziergang rund um den Block. Es sind die Stunden, um nachzudenken oder in einem Buch zu blättern. Am späteren Nachmittag, ab drei Uhr, steigen wir auf eine zweite kleine Leistungswelle. Die Müdigkeit legt sich, wir sind wieder bereit zum Arbeiten. Doch ist jetzt keine Zeit, neue Projekte anzufangen, sondern um Bestehendes zu vertiefen. Wir sollten nicht wieder auf das Gaspedal steigen, sondern eher den Tempomat einschalten. Der Vormittag ist die Zeit des Yang, da entwickeln wir voller Energie Neues und erledigen viel. Die Yin-Phase ab dreizehn Uhr bringt hingegen Tiefe und Leichtigkeit gleichzeitig. Wir setzen unsere Arbeit vom Vormittag fort, wir feilen an einem Text oder gehen die Präsentation für den nächsten Tag nochmals durch.

Wenn wir am Nachmittag den Fehler machen, unsere Energie wieder hochzufahren und neue Projekte zu beginnen, dann schlittern wir geradewegs in die Erschöpfung. Dann leben wir gegen den körpereigenen Rhythmus und bauen nach chinesischer Diktion Yang auf, das sich in Schlaflosigkeit, Frustration und körperlicher und geistiger Schwäche äußert.

Als einzelne Person könnten wir auf unseren Rhythmus leicht hören und der Organuhr folgen. Als Teil der Gesellschaft sind wir jedoch in einen größeren Rhythmus eingebunden.

Viele wichtige Ereignisse finden am Abend statt. Zum Beispiel Vorträge. Ich halte oft Vorträge. Sie beginnen um 19 oder 19:30 Uhr. Oft schließen sich Diskussionen und Gespräche mit den Zuhörern an, und das kann dann leicht bis 22 Uhr dauern. Bis ich zu Hause bin, ist es 23 Uhr. Dann brauche ich Zeit, um »anzukommen« und mich zu entspannen. Im Bett bin ich um 24 Uhr. Dass ich dann mit der Menge an Adrenalin, die ich im Blut habe – die Chinesen würden sagen: Yang – bis halb vier Uhr keinen Schlaf finde, ist kein Wunder. Am nächsten Tag ist meine innere Zeituhr dann vollkommen durcheinander.

Am Abend ins Fitnessstudio zu gehen und ein Lauf- oder Krafttraining zu absolvieren, ist ebenso unsinnig, da der Körper in den späten Nachmittags- und Abendstunden zur Ruhe kommen und den Tag abschließen will.

Auch Helden machen Pausen

Auch die moderne Wissenschaft bestätigt die Beobachtungen der chinesischen Medizin. Chronobiologen sind Experten für sogenannte ultradiane Rhythmen. Das sind Rhythmen, die Tieren und Menschen helfen, die Abläufe im Körper besser aufeinander abzustimmen. Peter Spork, Neurobiologe und Autor des Buches »Wake up!«, schreibt: »Die ultradianen Rhythmen dienen einem generellen biologischen Prinzip: Aktivität benötigt Pausen; ohne Pausen kommt kein Wesen ins Gleichgewicht.«[42] Eine von Sporks Hauptbotschaften ist: Helden machen Pausen. Nur indem die Menschen lernen innezuhalten, abzuschalten, ein Nickerchen oder einen Spaziergang zu machen, ist ihre Arbeitsmoral und die Qualität der Arbeit hoch.

Regelmäßig im Oktober und März, wenn unsere Uhren von Sommer- auf Winterzeit umgestellt werden, werden Stimmen laut, wie schädlich dieser künstliche Wechsel für die Menschen ist. Sie haben recht. Eine Forschergruppe hat bei der Zeitumstellung in Kanada die Unfalltoten im Verkehr unmittelbar vor und nach der halbjährlichen Zeitumstellung untersucht. Die Ergebnisse waren eindeutig. Im Frühjahr, als den Menschen quasi eine Stunde Schlaf weggenommen wurde, stieg die Unfallhäufigkeit um sieben Prozent. Im Herbst, als ihnen eine Stunde Schlaf geschenkt wurde, fiel die Unfallhäufigkeit ebenfalls um sieben Prozent.[43]

Der Wechsel von Ruhe und Aktivität ist ein biologisches Grundprinzip. Wir folgen, ohne es bewusst zu steuern, den Rhythmen unserer Billionen Zellen, die allesamt mit dem hochkomplexen Räderwerk unseres Zeitgefühls verbunden sind.

Vielbeschäftigte scheinen heute ohne Zeitmanagement nicht auszukommen. Sie färben Zeitblöcke mit gelber, blauer, grüner und roter Zeit ein, um die Arbeitsabläufe effektiver zu machen. Diese Kalender sind so voll, dass ich mich beengt fühlen würde, müsste ich meine Tage nach solchen Vorgaben abarbeiten. Einen solchen Tag würde ich erst gar nicht beginnen wollen.

So nützlich dieses Managementsystem für manche sein mag, für mich sind solche Systeme Kopfgeburten. Viel besser funktioniert es für mich, Rhythmus in den Tag zu bringen. Unser Körper gibt uns den Rhythmus vor, mit dem wir in die Planung unseres Tages gehen können. Beobachten Sie sich eine Woche lang. Wann sind Sie besonders leistungsfähig? Wann gehen Meetings besonders gut von der Hand? Wann werden Sie kreativ? Wo stoßen sich Ihre Zeitpläne mit Familienzeiten? Finden Sie so heraus, wie Sie in Ihren Tagen und Wochen Punkte und Kontrapunkte schaffen können.

Ich lebte, als ich vierzig war, vollkommen gegen meinen inneren Rhythmus und auch gegen den Rhythmus der Familie. Wie viele war ich nicht Herrin über meine Arbeitszeit. Als Angestellte wurde mir vorgeschrieben, wann ich das Büro betreten und verlassen sollte. Zu Hause jonglierte ich meine beruflichen Termine mit den Terminen der Kinder und meines Partners. Da blieb keine Luft, sich um Biorhythmen, Zwischenräume und Auszeiten zu kümmern.

Eines Tages brachte ich meine drei kleinen Söhne zu Bett. Es war kostbare gemeinsame Zeit. Jeder von ihnen brauchte Aufmerksamkeit. Nähte ich einem den Knopf an seiner Jacke an, krähten die zwei anderen schon: »Nähst du mir auch einen Knopf an?« Aufmerksamkeit mal drei. So ein Abend war es. Ich beruhigte die zwei anderen, dass ich ihnen auch einen Knopf annähen würde, und sagte: »Schlaft gut, ich muss jetzt los.« Ich hatte einen Abendvortrag zu halten und war innerlich schon halb woanders. Da sagte mein Ältester vom Stockbett herunter leise: »Wann wirst du einmal mehr Zeit für uns haben?« Ich hatte sie immer wieder auf später vertröstet: »Bald werde ich mehr Zeit für euch haben.« Innerlich hatte ich mir bis dahin gedacht: »Später, wenn ich Professorin bin, werde ich mich freischaufeln.« Diese eine Frage meines Sohnes gab mir einen Stich ins Herz. Dieser Satz trug entscheidend zu meinem Entschluss bei, meine Stelle an der Universität zu kündigen.

Später konnte ich als Unternehmerin mein Leben dem natürlichen Rhythmus etwas besser anpassen und der Familie mehr Zeit geben. Sicherlich hatte ich auch viele Termine. Doch ganz so frei, wie es von außen aussah, war es nicht. Mein Terminkalender war andauernd voll. Meine inneren Jagdhunde freuten sich über die neue Selbstbestimmung und jagten mich von einem Projekt zum anderen. Plötzlich war ich eine Getriebene meiner eigenen Zeiteinteilung. Wieder hetzte ich in die Stadt, um Menschen zu treffen, wieder musste ich am Abend arbeiten, um am nächsten Tag vorbereitet zu sein. Bis ich beschloss: So geht es nicht weiter!

Ich räumte mir einen Wochentag frei. Es war der Dienstag. Montags musste vieles initiiert werden, mittwochs, donnerstags und freitags hatte ich Fixtermine. Also blieb der Dienstag, um in einem Stück arbeiten zu können, um zu reflektieren und wichtige Projekte durchzudenken. Der Dienstag ist bis heute mein geheiligter, terminfreier Tag.

Inzwischen habe ich generell die Anzahl meiner Termine heruntergefahren und fasse die wichtigen in Zeitblöcken zusammen. An den monatlichen Schwerpunkten arbeite ich noch. Dazu gab mir meine Zen-Kollegin und Unternehmerin Renate einen Tipp: die terminfreie Woche.

Alle Termine einer bestimmten Woche sage sie ab: so als ob sie in Urlaub gefahren wäre. Sie hatte keine Meetings, sie besuchte keine Yoga-Klasse, keinen Meditationskurs, sie ließ auch den wöchentlichen Besuch bei ihren Eltern aus. Trotzdem arbeitete sie. Und zwar so fokussiert wie sonst nie. Die terminfreie Woche brachte ihr einerseits tiefe Ruhe und Wohlbefinden, andererseits leistete sie mehr, als sie je in einer Woche erledigt hatte. Die Freude an der Arbeit war eine angenehme Begleiterscheinung.

Vorbild No-Theater

Dadurch habe ich zu einem guten Tagesrhythmus gefunden. Ich stehe auf und beginne den Tag ohne Zeitdruck. Das ist notwendig, denn ich habe fast jeden Abend einen Termin in meinem Zen-Zentrum oder anderswo. Danach arbeite ich das Tägliche ab. Ich habe versucht, Ratgebern zu folgen und mit der Aufgabe mit der höchsten Priorität zu beginnen, doch ich schaffe das nicht. Ich arbeite zügig die Mails in spontan festgelegter Reihenfolge ab. Nachher, gegen 9:30 Uhr, beginne ich mit meiner wichtigsten Arbeit. Vormittags nehme ich keine Termine wahr. So bleibt die produktivste Zeit des Tages bis zum Mittagessen frei. Nach dem Essen gehe ich mal um den Block, um Licht und Luft zu tanken. Dann folgen Lektüre und Fertigstellung von Angefangenem. Am Abend meditiere ich, und zwar zu denselben Zeiten, an denen ich in meinem Zen-Zentrum zwei- bis dreimal die Woche meditiere. So erhalte ich mir meinen Tagesrhythmus, indem ich mich täglich zur gleichen Zeit auf die Matte setze. Wenn ich einen anderen Abendtermin habe, verlege ich meine tägliche Meditation ein bis zwei Stunden nach vorne. Seit ich diesen klar abgegrenzten Rhythmus in meinem Tag einhalte, geht es mir gut.

Neben dem terminfreien Dienstag und der terminfreien Woche habe ich noch etwas gelernt. Ich denke die Zeiten vor und nach einem Termin mit. Dazu hat mich das No-Theater inspiriert.

No ist ein Maskentheater, das sich im 14. Jahrhundert unter dem Einfluss des Zen in Japan entwickelt hat und heute noch genauso aufgeführt wird. Die Schönheit und Kraft der No-Schauspielkunst liegt dabei in der Konzentration.[44] Die Bewegungen der Schauspieler sind sparsam, drücken jedoch in ihrem Maßhalten eine ungeheure Kraft und Spannung aus. Diese Kraft kommt aus dem Zwischenraum *ma*. Ein Schritt oder eine Handbewegung auf der Bühne werden von einem aktionslosen und »leeren« Zeitraum (*ma*) eingeleitet, um die Spannung auszudrücken. Die Stille und Leere vor und nach einer Handlung sind ebenso wichtig wie die Tat selbst. Es ist eine Einheit: *ma* – Handbewegung – *ma*. Im Rhythmus der Bewegungen gibt es jeweils eine Geste, auf die sich alles konzentriert. Für diese Konzentration sind jedoch der Leerraum davor als Medium des Spannungsaufbaus und auch der Leerraum danach als Auflösung der Spannung nötig und wichtig. Später werde ich noch einmal auf die dahinterliegende Bedeutung des Zwischenraums im No zurückkommen.

Seit ich vom No die Wirkung des Leerraums kennengelernt habe, denke ich die Zeit vor und nach einem Termin mit. Wie die Null die anderen Ziffern potenziert, so gibt der leere Zeitraum vor einem Gespräch oder vor einer Präsentation dem nachfolgenden Ereignis den Fokus und die Kraft. Ich verbringe kurze Zeit vor einem Termin alleine, sei es im Kaffeehaus oder in einem Park. Dort gebe ich mir die Zeit, den Übergang von meinem vorigen Termin oder der Arbeit zum nächsten Treffen zu vollziehen. Nach dem Termin gebe ich mir auch eine viertel bis halbe Stunde Zeit, in der ich nichts anderes tue: Da gibt es keinen sich anschließenden zweiten Termin und keine Telefonate. Es ist die Zeit des Spannungsabbaus. Danach folgt der Freiraum, zu reflektieren, möglicherweise noch etwas aufzuschreiben und danach alles vom Schreibtisch wegzuräumen.

Dabei geht es nicht um Vorbereitung und Nachbereitung. Beim Vorbereiten und Nachbereiten geht es zu sehr darum, etwas zu »tun«. Durch die leere Zeit *ma* bekommen das Vorher und Nachher eine andere Qualität: *ma* – Termin – *ma*. Vor und nach dem Tun kommt das Nichtstun.

Das hat auch Helmut, ein Unternehmensberater, für sich entdeckt. Er führt täglich Verhandlungen. Vor Beginn der Verhandlung setzt er sich in den kleinen Meditationsraum in seinem Büro und meditiert 20 Minuten. Seine Sekretärin hält ihm jede Störung vom Leib und geleitet die Klienten in der Zwischenzeit in den Verhandlungsraum. Wenn alle da sind, holt sie Helmut in den Raum. Er hat durch die stillen Minuten davor eine tiefe Ruhe entwickelt, sodass er intuitiv viel besser wahrnehmen kann, was zwischen den Menschen im Raum vor sich geht. Andererseits merken die Klienten die konzentrierte Kraft und Klarheit in ihm. Dadurch kommen die Sitzungen schneller zu einem positiven Ergebnis. Seine westliche Art, den Zwischenraum danach zu feiern, besteht darin, eine Flasche Sekt aufzumachen.

Regelmäßigkeit befreit den Geist

Ekiho Miyazaki war der Abt des großen Zen-Ausbildungsklosters »Eiheiji«. Zwei Jahre vor seinem Tod, im Alter von 104 Jahren, fasste er die Quintessenz seines Lebens zusammen: »Manche glauben, Freiheit sei, alles selbst bestimmen zu können. Ich finde es jedoch wichtiger, seinen Geist durch einen regelmäßigen Tagesablauf zu befreien.«[45]

Seit seinem siebten Lebensjahr lebt Ekiho einen geregelten Tagesablauf, 97 Jahre lang oder 35 332 Tage. Jeden Tag steht er bei Morgengrauen auf, jeden Abend geht er zur gleichen Zeit ins Bett. Seit seinem siebten Lebensjahr meditiert er jeden Tag zur gleichen Stunde.

Wenige leben so viele Jahre im Rhythmus des Tages und der Jahreszeiten. Es ist ein demütiges Leben, das der Natur folgt, statt sie zu kontrollieren. Ein japanischer Zen-Spruch lautet: »Im Bergkloster gibt es keinen Stundenplan.« Wenn der Frühling kommt, blühen die Blumen, wenn der Winter kommt, fallen Schneeflocken. Da gibt es keinen Januar, Februar, keinen Sonnabend, keinen Sonntag. Das Leben folgt der Natur – ohne Stundenpläne, ohne Termine. Besucher kommen einfach und gehen – keine Verabredungen, keine Absagen, es gibt nur ein Kommen und Gehen mit der Natur.[46]

Jeden Tag führt Ekiho Tagebuch über Blumen und verzeichnet, an welchem Tag und in welchem Monat sie blühen. Jahr für Jahr liegen die Daten kaum auseinander. »Diese Regelmäßigkeit ist ein Naturgesetz. Wir sind ein Teil der Natur. Sie lehrt uns, das Richtige zu tun.«

Botschaften aus der Ewigkeit

Diese Aussage Ekihos erinnert mich an eine Wanderung in Tirol. Als wir vom Dorf im Tal auf einen Hügel hinaufgingen, war die Heumahd gerade vorbei, und die frisch geschnittenen Wiesen dufteten zart nach Gras und Blumen. Nach etwa zehn Minuten kamen wir zu einer Weggabelung mit Kapelle. Neben der Kapelle stand eine Holzbank. Auf ihr saß ein alter Mann. Wir kamen ins Reden. Er war eher wortkarg, doch er erzählte, dass er seit vielen Jahren täglich zur gleichen Zeit zu dieser Bank hinaufsteigt und ins Tal hineinschaut. Die Bewegung tue ihm gut, und dort fühle er sich so leicht und sei dem Herrgott so nah. Ich setzte mich in die Wiese neben ihn und dachte mir: Jeden Tag auf der Bank zu sitzen und den Atem spüren, der durch das Tal weht, das ist Herzensfrieden.

Nach einigen stillen Minuten stand ich auf, und wir setzten unsere Wanderung fort. Ich drehte mich noch einmal um, um den Anblick des Tales in mich aufzunehmen, und sah eine alte Frau kleinen Schrittes zur Kapelle hinaufgehen. Sie blieb immer wieder stehen und stützte sich auf ihren Stock. Beim zweiten Umdrehen saß sie neben dem Mann, zwei schweigende, reglose Gestalten, wie Botschafter aus der Ewigkeit. Wohl sitzen sie auch morgen dort und übermorgen. Im Auf und Ab der Monate und Jahre sehen sie, wie sich die Blumenknospen öffnen und die Blätter wieder abfallen. Sie sehen die Schatten des Tales täglich einige Zentimeter weiter wandern. Und sie lauschen dem Auf- und Abgesang des Tales im Jahreswandel. Jeden Tag auf der gleichen Bank.

Die Welt des Machens und Tuns ist weit unten im Tal. Oben am Berg verlieren die Sorgen um die Ernte, der Streit mit den Nachbarn ihre Bedeutung. So sind ihre Augen und Ohren vollkommen offen und frei für den Rhythmus der Natur.

Wie diese zwei Alten habe ich mir angewöhnt, von der Bank aus die Wandlungen der Natur mitzuerleben. Ich habe zwei Bänke, doch beide »besitze« ich nur in der Zeit zwischen März und Anfang November. Eine steht an meiner Hausmauer. Dorthin ziehe ich mich fünf Minuten nach dem Mittagessen zurück, besonders gerne im Frühling. Wenn die ersten Sonnenstrahlen meine winterliche Verpuppung im Sonnen- und Schattenspiel der knospenden Blätter langsam auflösen. Jeden Tag steigt die Sonne höher, jeden Tag verdichtet sich das Grün der Büsche ein bisschen mehr. Nur im Innehalten und Nichtstun auf der Bank kann ich diese winzig kleinen Veränderungen wahrnehmen.

Meine zweite Bank steht auf einem kleinen Berg. Ich gehe zwei- bis dreimal in der Woche die gleiche Runde. Ein paar hundert Meter fahre ich mit dem Fahrrad aus der Wohngegend in den Wald, dann gehe ich das letzte Bergstück hinauf. Schon am Weg sehe ich die Blumen, wie sie eine nach der anderen aus den Blättern herauswachsen. Jedes Jahr die gleichen. Einige Weißdornbäume säumen den Weg. Im Frühjahr blühen sie aus tausend Blüten, im Herbst sitzen dort tausend rote Früchte darauf. Mit dem immer gleichen Weg nehme ich den Rhythmus der Jahreszeiten auf. Und am Berg steht eine Bank. Von dort sehe ich auf die Stadt. Die ziehenden Wolken zeichnen dunklere Flächen auf manche Bezirke, und dieses Schattenspiel ist einem ständigen Wandel unterworfen. Diese Veränderungen sind es, die den immer gleichen Ausblick spannend machen. Ich spüre, dass ich aufgehoben bin im großen Rhythmus der Natur. Ich fühle mich zu Hause.

Sich dem Rhythmus überlassen

Auch in intensiven Meditationsperioden sind die Abläufe dem Rhythmus der Natur und unseres Körpers angepasst. Die Glocke läutet um vier Uhr früh, ich springe aus dem Bett, fahre in meine Kleider, mache Katzenwäsche, laufe in die Zen-Halle hinunter und setze mich auf meinen Platz.

Zwischen diese Tätigkeiten passt kein Blatt Papier. In meinen Gliedern sitzt noch die Schwere des Schlafes, und ehe noch ein Gedanke auftauchen kann wie »Will ich das?« oder »Jetzt drehe ich mich doch noch mal lieber um«, bin ich schon wieder auf der Matte. Dann folgt eine lange Meditationszeit ohne Unterbrechungen. Es ist dunkel und still. Unmerklich wandelt sich das Schwarz in eine Ahnung von Grau. Die Konturen der Meditierenden sind schemenhaft zu erkennen. Mein Körper schläft noch, doch mein Geist ist schon wach: Keine Gedanken. Erste Vogelstimmen durchbrechen die frühe Dämmerung. Ein Hahn kräht. Mehr und mehr Vögel stimmen ein, die Natur erwacht.

Diese Einheit zu spüren ist etwas Wunderbares.

So entwickelt sich der Tag parallel zum Rhythmus aller anderen Lebewesen. Am Vormittag wird körperlich gearbeitet. Wir fegen die Stiegen und waschen die Badezimmer. Auch da ohne zu plaudern, sondern mit hundertprozentiger Hingabe an die jetzige Tätigkeit. Danach wird laut rezitiert, ich spüre die Kraft im Körper vibrieren.

Der Rhythmus der uns umgebenden Natur und derjenige in der Zen-Halle stimmen überein. Wenn es still ist, wird meditiert, wenn die Sonne vom Himmel strahlt und alles herum aktiv ist, wird gearbeitet. Wenn die Vögel am Abend ihren Schnabel ins Gefieder stecken und schlafen, kehrt Ruhe im Zendo ein. Jeder Tag folgt dem gleichen Rhythmus. Nach einem Rhythmus zu leben, bedeutet, mit Geist und Körper zu leben. Mit Körper und Geist zu leben, bedeutet, als ganzes Wesen zu handeln. Sich dem Rhythmus eines Tagesablaufs zu überlassen, befreit uns, Entscheidungen über alltägliche Dinge treffen zu müssen. Wir werden frei, uns für Wesentliches zu öffnen.

Das meinte Ekiho mit dem Wort »befreien«.

Die 3-2-1-Meditation

Wählen Sie einen Platz, den Sie gerne mögen und der in der Natur ist. Sie können auf einer Bank sitzen, auf einem Stein oder einem Baumstumpf. Verbringen Sie dort in regelmäßigen Abständen fünf bis zehn Minuten. Es kann täglich sein oder auch jede Woche am gleichen Wochentag, zum Beispiel am Sonntag. Ich nenne es die 3-2-1-Bank-Meditation, weil sie stufenweise vom weiten Raum (3), über die unmittelbare Umgebung (2) bis in die innere Welt (1) reicht.

Beginnen Sie mit 3, der Ferne. Betrachten Sie den Himmel. Beobachten Sie die Wolken. Stehen sie still oder ziehen sie schnell weiter? Sind es Haufenwolken oder sehen sie wie Schleier aus? Lacht die Sonne vom strahlend blauen Himmel, oder ist sie hinter den Wolken nur als helle Fläche zu erahnen? Blicken Sie auf die Linie des Horizonts. Sehen Sie in die Ferne, oder beginnt der Horizont an der Dachkante des gegenüberliegenden Hauses? Wie ist das Licht an der Linie des Horizonts – klar, diesig, verschwommen? Beachten Sie, was Sie in der Ferne sehen. Sind es Häuser? Windmühlen? Berge? Welche Farbe haben sie?

Wenn Sie die Weite erforscht haben, rücken Sie näher, die zweite Phase beginnt. Was sehen Sie rund um sich? Wie haben sich die Blumen, die Bäume und die Gräser seit der letzten 3-2-1-Meditation verändert? Beobachten Sie auch die kleinen Dinge. Die frische Farbe des grünen Mooses, die Kieselsteine, den winzigen Käfer, der unter den Blättern läuft.

Bei der dritten Phase schließen Sie die Augen. Spüren Sie etwas? Den Wind, wie er über Ihre Haut streicht? Riechen Sie etwas? Was spüren Sie in Ihrem Körper? Gibt es noch die kleine Verspannung in der Schulter? Beobachten Sie den Atem, wie er ein- und ausströmt. Was hat sich seit dem letzten Mal verändert?

5
Freiheit durch Begrenzung

Freiheit, wie sie viele Menschen verstehen, bedeutet, zwischen einer Vielzahl von Möglichkeiten wählen zu können. Je mehr Möglichkeiten es gibt, desto mehr Entscheidungen müssen wir treffen. Je mehr Entscheidungen wir treffen müssen, desto anstrengender wird das Leben und desto zerrissener fühlen wir uns. Je zerrissener wir sind, desto mehr verlieren wir an Kraft.

Sehr klar wurde mir das vor einiger Zeit. Eben war ich von einem Seminarwochenende zurückgekommen und saß vor meinem Computer. »Nie mehr«, dachte ich mir, »genug ist genug.«

Ich hatte schon Nackenstarre, denn ich hatte stundenlang vor dem Bildschirm gesessen, um die 300 Fotos von der Kamera auf die Festplatte zu übertragen, auszuwählen, zu benennen und dann den Seminarteilnehmern zu schicken. Eine Arbeit, die mich die Wände hinaufklettern ließ. Stupide Routinearbeit, die mich davon abhielt, in den Frühling hinauszugehen, in die Sonne zu blinzeln und den Vögeln zuzuhören.

Die Kamera, mit der die Aufnahmen gemacht wurden, ist besonders für Sportaufnahmen geeignet und wird gewöhnlich auf einen Helm aufmontiert. Sie ist winzig klein, nimmt sehr scharfe Bilder in Sekundenbruchteilen auf, sodass man in Fotoserien von 30 Aufnahmen in der Sekunde jede kleinste Veränderung dokumentieren kann. Dadurch bekommt man garantiert sehr schöne Fotos, denn die Auswahl ist riesengroß. Diese Kamera erfreut jedes Technikerherz. Nur die Arbeit, die sich für mich daran anschloss, war so nicht eingeplant gewesen und kostete mich immens viel Energie.

Die Möglichkeiten, die uns die Technik heute bietet, sind schier unendlich. Alles ist möglich. Jeder Laie kann sich heute mit Vorlagen eine Webseite machen, die professionell aussieht. Die Bücher bestellen wir online, die Infos und Rezensionen werden mitgeliefert. Wir buchen unsere Flüge online, die Reiseangebote gehen ins Unendliche, ob wir auf die Privatinsel auf den Seychellen oder in die Klause in den Bergen Portugals wollen, wir haben eine unbegrenzte Auswahl.

Was wir für eine Errungenschaft halten, ist jedoch eine Menge zusätzlicher Arbeit, die keineswegs unter die gewünschte Kategorie »einfach« fällt. Ein Flug auf die Seychellen und der Drang, die einmalige Umgebung in unzähligen Bildern festzuhalten, kann sich als schweißtreibender Knochenjob erweisen. Diese Arbeit besetzt unsere Zeit, die wir brauchen würden, um wirklich zur Ruhe zu kommen. Stellen Sie sich vor, Sie sitzen in einem Café mitten in einer wichtigen Unterredung mit Ihrem Geschäftspartner. Der Kellner kommt und sagt: »Wünschen Sie einen Kaffee?« Sie bejahen. Fragt er: »Soll es ein Café Latte, ein Americano, eine Melange oder ein Irish Coffee sein?« Dann sind Sie wohl ungehalten, weil Sie mitten im Business-Gespräch sind und Wichtigeres zu entscheiden haben. Die Kaffeesorte ist Ihnen in dem Moment egal.

Bis zu meinem Aufenthalt in Japan dachte ich, es wäre ein Ausdruck der Individualität, einen speziellen Kaffee auszuwählen. Ein Freund lehrte mich, die Sache unter einem anderen Aspekt zu betrachten. Ich war in Japan häufig in

Unternehmen eingeladen, und während der Wartezeit wurde mir Tee oder Kaffee serviert. Niemand fragte: »Wollen Sie den Kaffee mit Milch und Zucker?«, oder »Wollen Sie dies oder jenes?« Es wurde freundlich serviert, und der japanische Gast akzeptierte stets die Art, auf die etwas serviert wurde. Wenn ich hingegen jemanden einlud, fragte ich immer, wie ich es von zu Hause gewohnt war, ob man Milch oder Zucker zum Kaffee wünsche. Einem befreundeten Japaner fiel es auf, dass ich ihn immer fragte: »Willst du dies oder jenes?«, »Schmeckt dir dies oder das?« Er fand das komisch. »Wie anstrengend ihr lebt! Dauernd müsst ihr etwas entscheiden«, sagte er.

Was für mich ein Ausdruck meiner Individualität war, fand mein Freund anstrengend. »Mit welchen Nichtigkeiten gibst du dich ab?«, war auf seiner Stirn zu lesen. Durch ihn habe ich etwas Wichtiges gelernt.

Den Geist der Zweiheit erkennen

Andauernd sind wir im Entscheidungsmodus, andauernd ist unser Kopf mit Denken beschäftigt, »Brauche ich das, oder brauche ich das nicht?« Wir sind nur noch damit beschäftigt, zwischen Wahlmöglichkeiten hin und her zu schwanken, und verlieren den Blick auf das Wesentliche.

So steht es schon im ältesten Zen-Text, im Shinjinmei, einer Meißelschrift über das Vertrauen in den einen Geist aus dem siebten Jahrhundert. Der Text ist eine Belehrung über den Geist der Zweiheit, der unser aller Leben bestimmt.[47] Es heißt dort:

»Die zwei Seiten aller Dinge entstehen,
wenn du zu viel bedenkst.«

Damit ist gemeint, dass wir, sobald wir denken, auch bewerten. Das Für und Wider einer Sache entsteht erst beim

Denken. Bewertungen sind jedoch stets subjektiv und willkürlich. Wenn es viele Wahlmöglichkeiten gibt, ist nicht einmal
eine Prioritätenliste von großer Hilfe, denn sie ist bereits eine
willkürliche Bewertung von verschiedenen Auswahlmöglich-
keiten: Es kann sich jederzeit herausstellen, dass die angeblich beste Möglichkeit diesen Status überhaupt nicht verdient
hat und dass eine andere Entscheidung besser gewesen wäre.

»Doch entsteht im Geist eine Unterscheidung,

auch nur so winzig wie ein Staubkorn:

Sogleich trennt unendliche Entfernung Himmel und Erde.«

So schön eine große Auswahl sein kann, so schnell gelangen wir durch sie an einen Punkt, an dem sie zur Last wird.
Die vermeintliche Wahlfreiheit kippt und wird zum Zwang,
sich dauernd mit Entscheidungen zu beschäftigen – und seien
sie noch so klein. Sie hält unsere Aufmerksamkeit im »Außen«
und somit dauernd auf Trab. Dieser Zwang hält unseren Kopf
in einem Unruhe-Modus und zwingt uns in einen dauernden
Zustand des Zerrissenseins: Soll ich das tun oder jenes? Soll
ich das kaufen oder das andere? Wie schön wäre es, wenn ich
das hätte! Oder brauche ich das nicht wirklich?

Die inneren Stimmen des Hin- und Hergerissenseins und Habenwollens beruhigen

Drei Faktoren haben mir dabei geholfen, und vielleicht sind
sie auch für Sie hilfreich:

Erstens können Sie sich für eine Umgebung entscheiden,
in der Sie weniger Auswahl haben. Sie können dafür sorgen,
dass Sie weniger Werbung wahrnehmen müssen. Postwurf-
sendungen abbestellen, Online-Werbung wegfiltern, in Läden
einkaufen, in denen Sie sich nicht hunderttausend andere
Dinge am Weg ansehen müssen.

Eine befreundete Unternehmerin ist darin meine Lehrmeis-
terin. Sie trifft eine Entscheidung, und dann bleibt sie dabei.

Ein Beispiel: Sie hat ein Kleidergeschäft ausgewählt, das ihrem Stil entgegenkommt. Dorthin geht sie immer einkaufen, und die Besitzerin trifft für sie schon die Vorauswahl. Sie hat für jeden Lebensbereich eine Fachfrau, die sie berät: ob Friseurin, Kosmetikerin oder Fitnesstrainerin. Auch bei ihren Freunden ist sie wählerisch. Sie hat eine Handvoll Freunde, die sie trifft, diese wenigen Freundschaften pflegt sie aber über viele Jahre hinweg. Sie hat gelernt, Nein zu sagen, um sich nicht zu verzetteln. Sie lebt in gewisser Hinsicht auf Auswahldiät.

Die Auswahl zu reduzieren, vereinfacht das Leben ungemein und schafft Zwischenräume. Als ich in der Almhütte lebte, hatte der Tag viel mehr Stunden. Denn ich lebte ganz einfach. Es gab keine Stereoanlage, deren Bedienungsanweisung ich studieren musste, keine Blumen, die ich gießen, keine Katze, die ich füttern, keine Meetings und Kollegen, mit denen ich mich beschäftigen musste. Als ich nach meiner Almhüttenzeit zum ersten Mal wieder ins normale Leben, in einen kleinen Supermarkt, zurückkehrte, war ich erschlagen von den vielen Informationen, die auf mich einprasselten. Die Produkte »schrien« mich förmlich an: »Nimm mich, nimm mich!«

Weise Menschen wie Jesus und Buddha zogen sich zurück, um innere Klarheit zu gewinnen. Oft haben sie dabei gefastet. Auch Fasten ist eine Form der Auswahldiät. Viele Menschen halten heute noch eine Fastenzeit ein, in der sie auf verschiedene Dinge verzichten: auf Alkohol, Schokolade und andere Versuchungen. Meist wissen wir, dass uns manche Dinge nicht guttun. Wenn ich die Entscheidung getroffen habe, keinen Alkohol zu trinken, dann muss ich nicht jedes Mal hin und her überlegen, wenn mir ein Glas Sekt angeboten wird. Soll ich ihn trinken? Er tut mir aber nicht gut! Er schmeckt doch so gut! Nur ein kleines Gläschen! Und schon verstricken wir unseren Geist in ein Hin und Her. Begeben wir uns in ein alkoholfreies Umfeld, dann vermeiden wir von vornherein die Verführung und das schlechte Gewissen.

Will ich einen Artikel schreiben und lenke mich im Büro dauernd ab mit den Versuchungen des World Wide Web, dann setze ich mich in ein Kaffeehaus ohne WLAN. Das hat mit einer Entscheidung zu tun, nämlich mit der bewussten Entscheidung, in welches Umfeld ich mich begebe.

Jeder Mensch lebt nach seinen Prioritäten und Werten. Solange ein Mensch im Wertesystem einer Religion oder einer festgefügten Gemeinschaft lebt, sind für ihn viele Richtlinien klar. Alle anderen lassen sich entweder von ihrer Umgebung beeinflussen oder müssen ihre eigenen Prinzipien aufstellen und danach entscheiden.

Der zweite Faktor, der meine Auswahldiät erleichtert, ist ein Satz, den ich vor einigen Jahren kennengelernt habe. Er wurde zu einem Motto, das mich heute täglich begleitet.

Zauberformel:
»Alles, was du brauchst, hast du schon«

In Japan steht im bekannten Tempel Ryoan-ji in Kyoto ein steinernes Bassin, in dem die Besucher ihre Hände waschen und den Mund spülen können. Es ist ein großer runder Stein mit einer eckigen Vertiefung für das Wasser. An den vier Seiten des Vierecks sind unvollständige chinesische Zeichen, die erst mit dem gedachten Viereck in der Mitte als Teil des Zeichens einen Sinn ergeben.

Die vier Zeichen sind ein Satz aus dem Zen und heißen »*ware tada shiru taru*«. Das bedeutet: »Alles, was du brauchst, hast du schon.« Diesen Satz kann ich in der Tiefe meines Menschseins ausloten, doch auch für meinen Alltag verstehen. Diese vier Zeichen sind ein magischer Satz für mein Leben geworden.

Was wirklich Freude macht

Meistens glauben wir nicht, schon alles zu besitzen. Wir denken, wir brauchen dies und jenes und solches, um glücklich zu werden.

Bewusstes »Nichtkaufen«

Die Weisheit »Alles, was du brauchst, hast du schon«, hat mir geholfen, den Kipp- und Angelpunkt der Auswahl in Richtung »Da-Sein« zu verschieben. Wenn ich vom Bedürfnis gepackt werde, etwas zu haben, zum Beispiel eine Autofahrt im Coupé, denke ich tiefer. Ich frage mich: Wie kann ich das erreichen, ohne dass ich etwas kaufe? Da ergeben sich kreative Ideen. Zum Beispiel frage ich mich dann: Wer von meinen Freunden hat einen Sportwagen und könnte mir zum Geburtstag eine Spritztour schenken? Oder: Was könnte mir ein ähnliches Gefühl der Freiheit vermitteln? Eine Fahrt auf meinem Fahrrad? Oder ich steige in eine altmodische Lokomotive, strecke den Kopf beim Fenster hinaus und lasse mir den Fahrtwind um die Ohren blasen. Brauche ich dazu ein Cabrio? Nein, für das Erlebnis brauche ich es nicht.

Gehe ich an einem Geschäft vorbei, wo es einen schicken Pullover in der Auslage gibt, dann gebe ich nicht gleich meinem Impuls nach und kaufe ihn, sondern schaue zuerst in meinen Kleiderschrank. Dort finde ich manchmal schon lange Vergessenes. Und ich freue mich dann umso mehr, dass ich das vergessene Stück wiedergefunden habe.

Als Studentin hatte ich, wie so viele andere, wenig Geld. Ich wusste genau, dass ich mir nichts Unnötiges leisten konnte. Ich lebte in Tokio in einer winzigen Wohnung von sechs Matten, das sind etwa zehn Quadratmeter. Ich hatte alles, was ich zum Leben brauchte. Allerdings nicht genügend Bares, um in die Stadt zu fahren und mir ein neues Kleid oder eine der wunderschönen japanischen Keramikschalen zu kaufen.

Ich kannte schon die kleine Stimme der Gier in mir, die sagt: »Ich will es haben. Kaufe es!« Es ist fast wie ein Ziehen in der Brust. »Es ist so schön, das brauchst du unbedingt!« Doch immer, wenn ich ein Objekt der Begierde gekauft hatte, war die Stimme wieder still. Dann konnte es sein, dass ich mich an der Keramikschale noch eine Zeitlang erfreue, aber meistens dauerte die Freude nicht sehr lang an.

Interessanterweise entdeckte ich, dass es mir trotz meines Geldmangels Spaß machte, in den Einkaufsstraßen von Tokio spazieren zu gehen. Window Shopping wurde sogar ein richtiges Hobby von mir. Warum? Weil es mir innere Freiheit gab. Ich musste mich nicht entscheiden, ob ich mir etwas Schönes, das ich in der Auslage sah, leisten konnte. Ich wusste, ich konnte es nicht. Also stand ich nicht vor der Qual der Wahl. Ich erfreute mich an der Schönheit der Dinge.

Wenn Sie das nächste Mal versucht sind, etwas zu kaufen, dann sagen Sie sich diesen Satz vor: »Alles, was du brauchst, hast du schon.«

Was könnte dieser Satz für verschiedenste Aspekte des Lebens bedeuten?

Das Zuhause: Auch Altes ist Wahres

Wenn ich meine, ich bräuchte ein neues Möbelstück, eine neue Vase oder ein neues Werkzeug, bringt mich der Satz »Alles, was du brauchst, hast du schon«, wieder auf den Boden zurück. Oft sogar auf den Dachboden, denn dort lagert vieles, das ich schon längst vergessen habe. Da finde ich alten Stoff oder eine Decke, die meinen alten Sessel aufputzt oder einen Krug meiner Großmutter, der mindestens so shabby und nostalgisch aussieht wie jener in der Wohn-Zeitschrift. Auch bei einem Werkzeug könnten Sie sich fragen: »Wie könnte ich XY reparieren, ohne neues Werkzeug zu kaufen?« Mit dem Vorhandenen auskommen, den Nachbarn fragen, ob er mir seines leihen kann, im Geschäft nachfragen, ob es ein Leihservice gibt?

Freizeit und Unterhaltung:
Muss nicht ins Portemonnaie gehen

Vor vielen Jahren war ich mit einem Freund spazieren, und plötzlich sagte er: »Die besten Dinge im Leben sind gratis.«

Ich war sehr überrascht, doch in jenem Moment stimmte es. Es war ein sonniger Septembertag, das Licht lag milde auf den Waldlichtungen, und wir gingen – meist schweigend – nebeneinander her. Wir hatten alles, was wir brauchten. Seither denke ich mir oft: »Was ist im Moment das Beste, was man ›gratis‹ haben kann?« Es ist einfach eine andere Art zu sagen: »Was ist schön und kann mich erfreuen, ohne dass ich mir etwas Zusätzliches von außen beschaffen muss?«

Sind wir nicht oft in unseren Freizeitwünschen von außen gesteuert, ohne dass wir es merken? Natürlich ist es interessant, im Kino den hochgelobten Thriller zu sehen. Natürlich kann Sie ein Theaterstück, von dem Sie in der Zeitung gelesen haben, begeistern. Hie und da hilft jedoch auch der magische Satz: »Ich habe alles, was ich brauche«, mehr Fantasie in Ihre freien Stunden zu bringen und eigene Ideen zu entwickeln.

Was haben Sie schon? Bücher, in die Sie schon seit ewigen Zeiten nicht hineingesehen haben? Ein Do-it-yourself-Projekt, das halbfertig vor sich hinschlummert? Einen Partner, mit dem Sie einen Spaziergang machen könnten? Ein Klavier, das Sie wieder einmal spielen könnten? Ein Kartenspiel, Backgammon oder Schach, die schon lange unbemerkt im Regal lagern? Die netten Nachbarn, mit denen Sie mal ein Glas Wein trinken könnten? Der Möglichkeiten gibt es unendlich viele.

Urlaub: unbedingt Fernreisen?

Muss es immer der weißeste Sandstrand sein und die Stadt, die Sie noch nie besucht haben? Eine Freundin, die in einem Reisebüro arbeitet, sagte mal zu mir: »Je größer die Probleme, desto weiter fliegen die Menschen weg.« Das mag nicht immer stimmen. Oft ist es auch nur Gewohnheit. Wir planen unseren Urlaub, ohne daran zu denken, welche naheliegenden Möglichkeiten es gibt.

Fragen Sie sich einmal: Was könnte ich bereits haben, das Ihnen Freude und Urlaub beschert? Sind es Freunde in Italien, die Sie besuchen könnten und durch die sich ein ganz anderer Zugang zum Savoir-vivre dieses Landes ergeben kann? Können Sie Ihre Wohnung oder Ihr Haus mit jemandem im Ausland tauschen? Auch ich habe zweimal in den USA und in Australien herrliche Ferien im Haus eines Bekannten verbracht. Oder haben Sie noch das alte Zelt zu Hause, das Sie in Studientagen beim Jazzfestival verwendet haben? Was könnten Sie damit machen? Und die Wanderschuhe, die in Ihrem

Kasten stehen? Mein Mann hat sie sich geschnappt, ist bei der Türe hinausgegangen und ist den regionalen Jakobsweg von Wien weg quer durch Österreich gegangen. Es war für ihn ein viel größeres Abenteuer, als auf eine ferne Insel zu fliegen. Ich habe ihn dann etappenweise in Tirol begleitet. Noch heute habe ich leuchtende und lebendige Bilder dieses Urlaubs in mir. Nach Hause zurückgekehrt konnte ich die ersten zwei Nächte kaum schlafen, weil die Intensität der erlebten Berge und Wiesen während des Wanderns so stark gewesen war.

Partnerschaft: Ehrlich und konsequent sein

Was soll ich dazu sagen? Ich habe alles, was ich brauche. Wenn Sie in Ihrem Partner nicht das haben, was Sie brauchen, dann gibt es drei Möglichkeiten. Entweder Sie schauen sich ihn noch einmal genau an, ob Sie nicht etwas übersehen haben. Vielleicht müssen Sie nur noch mit ihm reden. Oder der Partner passt überhaupt nicht zu Ihnen, dann wird es Zeit, einen Partner zu suchen, bei dem Sie finden, was Sie brauchen. Oder Sie suchen sich einen Menschen, der ersatzweise manches von dem abdeckt, das Ihr Partner nicht erfüllen kann. Wenn Sie letzteres tun, empfehle ich Ihnen, dass Sie genau bedenken, welche Schwierigkeiten in so einem Falle auf Sie zukommen könnten.

Freunde: unersetzlich

Neue Freunde sind wunderbar, denn Menschen ändern sich und die Freunde mit ihnen. Doch unterschätzen Sie nicht, wie eine gemeinsame Vergangenheit verbinden kann. Einem alten Freund müssen Sie nicht erklären, wer Sie sind und was Sie gemacht haben. Er vertraut Ihnen wahrscheinlich, weil er Sie schon von früher in den verschiedensten Situationen erlebt hat. Wenn Sie einen guten Zahnarzt suchen, können Sie einen alten Freund problemlos fragen. Wenn Sie sich beruflich verändern möchten, dann sprechen Sie darüber auch mit Ihren Freunden.

Die Forschung des britischen Anthropologen Robin Dunbar hat ergeben, dass jeder Mensch gemessen an seiner Hirnkapazität zu 150 Menschen eine sinnvolle Beziehung aufrechterhalten kann.[48] Zuallererst sind dies meistens Angehörige, dann kommen Freunde. Suchen Sie neue Kunden, dann kennt jeder Ihrer 150 Freunde wiederum 150 Menschen. Er eröffnet Ihnen somit Zugang zu 22 500 Menschen. Ihre Freunde und »Freundesfreude« haben ein großartiges Potenzial, das Sie zu Ihrem »Ich habe alles, was ich brauche«, hinzuzählen können.

Der wichtigste Grund, Freundschaften zu pflegen, hat jedoch nichts mit dem Nutzencharakter von zwischenmenschlichen Beziehungen zu tun. Ein Freund muss nicht jemand sein, der einem als Ansprechpartner in bestimmten Notsituationen dient. Gut gepflegte Freundschaften werden zum Selbstzweck, man ist um der Freundschaft willen befreundet. Man ist aneinander interessiert, weil man sich verbunden fühlt. In guten Freundschaften macht man Urlaub von der Welt der Zwecke, man schätzt sich als einzigartige Person. Ohne Freunde steht man auf Dauer einsam dar. Daher darf die Beendigung einer Freundschaft nur in besonders schlimmen Fällen infrage kommen. Nur bei einseitigen und schädlichen freundschaftlichen Beziehungen ist es angebracht, auf Abstand zu gehen.

Arbeit: das Geleistete wertschätzen

Wie kann da unser magischer Satz weiterhelfen? Viele meinen, sie hätten in der Arbeit nicht alles, was sie brauchen. Ich ziehe hierzu meine Freundin Klara als Beispiel heran. Sie hat ein Studium abgeschlossen und viele Jahre in der Personalentwicklung einer Bank gearbeitet. Weiterbildung und persönliche Entwicklung waren für sie immer wichtig. Sobald sich bei ihr die Midlife-Crisis ankündigte und die Arbeit immer sinnloser erschien, begann sie, nach einer Zusatzausbildung Ausschau zu halten. Sie schrieb sich in einen Lehrgang für Coaches ein, die Firma bezahlte. Nach der zweijährigen Ausbildung hatte sich ihr Unbehagen noch mehr verstärkt, sie kündigte. Sie war nun zertifizierter Coach und noch überzeugter, wie wenig ihre bisherigen Erfahrungen genügten. Ab da gab sich eine Ausbildung nach der anderen die Hand. Coaching-Kunden hatte sie wenige, da sie immer den Mangel in sich selber bearbeitete und gar nicht den Mut hatte, auf Kundensuche zu gehen.

Wenn sie es umgekehrt gemacht hätte, wäre es sinnvoller gewesen. Wenn sie sich bei ihrer Kündigung gesagt hätte: »Ich habe alles, was ich brauche«, hätte sie sich zuerst angeschaut, welche Fähigkeiten sie bereits »hat« und welche sie einsetzen kann. Dann hätte sie nicht etliche weitere Zertifizierungen gebraucht, sondern vielleicht nur eine einzige Zusatzqualifikation, die sie sich durch einen Freund oder im Selbstausprobieren hätte beibringen können.

Ich war in einer ähnlichen Situation. Viele Jahre hatte ich darauf hingearbeitet, einen hohen Status zu erreichen, die Hierarchieleiter hinaufzuklettern, de facto einen Titel zu »haben«. Als ich ihn jedoch in den Händen hielt, änderte sich meine Welt.

An jenem Tag, an dem ich die Allee entlanggegangen war, ausgebrannt und erschöpft durch die Anforderungen von Beruf, Familie und an mich selbst, beschloss ich zu kündigen. Interessanterweise fiel das in die Zeit, in der ich mich mit dem neuen Titel »Professor« schmücken konnte. Es kam ein Beamter der Universität und schraubte ein neues Schild an meine Türe. In diesem kleinen Moment spürte ich schon Genugtuung und ein bisschen Stolz. Doch die Wochen und

Monate danach dachte ich mir oft: So what? Was hat mir der neue Titel gebracht? War mein Leben anders, erfüllter, glücklicher? Nein, das war es nicht. Sicherlich ist es anfangs schön, wenn Kollegen oder Studierende »Frau Professor« sagen. Ich *hatte* einen Titel, doch was *war* ich?

Von außen betrachtet hatte ich viel erreicht. Ich war damals von unserem Institutsvorstand auserwählt worden, die Leitung des Instituts für ein Jahr zu übernehmen. Er war alles andere als glücklich, als ich ihm in einem Gespräch sagte, ich werde kündigen. Niemand verstand es. Die Beamten der Personalabteilung fragten mich mehrmals, ob ich tatsächlich auf das Recht der (damals) hundertprozentigen Gehaltsfortführung in der Pension verzichten würde. Es war eine unkündbare Stelle gewesen, ein Luxus, den es heute nur noch selten gibt. Ob ich mir sicher wäre?

Ja, ich war mir sicher. Ich besuchte, bevor ich den Schlüssel zurückgeben sollte, am Abend mit meinen drei Söhnen und meinem Mann ein letztes Mal mein Büro an der Universität. Wir ließen Knallfrösche springen, ich war in Feierlaune.

Und dann war ich frei. Das war schön, doch mit einer Schattenseite hatte ich nicht gerechnet. Ich war niemand mehr. Ich gestand mir einige Monate zu, in denen ich meine neue Lebensaufgabe und Berufung finden wollte. Doch immer wieder erlebte ich den Schock, wenn mich jemand fragte, was mein Beruf wäre. Dann sagte ich: »Ich war bis vor kurzem Professorin an der Universität Wien.« Der Fragende sah mich dann verständnislos an und setzte das Gespräch fort – ohne Kommentar. Ich lernte, dass das »Gehabthaben« gar nichts gilt. Die Gesprächspartner fragen nach meinem Beruf, weil sie einschätzen wollten, ob wir Anknüpfungspunkte hatten, ob ich für ihre Ziele interessant wäre. »Gehabthaben« war gar nichts. Ich war ohne Professorenstatus nicht zu gebrauchen.

Damals begriff ich, dass es sinnlos ist, für Titel zu arbeiten oder die zwanzigste Ausbildung zu absolvieren. Es ist nur dann sinnvoll, wenn ich das, was ich lerne, auch »lebe«. Und es zeigt mir, dass es sinnlos ist, an einem Titel, an das »Gehabthaben«, festzuhalten.

Natürlich hatte ich Angst davor, in den Augen anderer »nichts« zu sein. Ich hatte auch nichts mehr in der Kategorie »Haben« vorzuweisen. Der magische Satz hat mir jedoch geholfen, bewusst hinzuschauen, ob das »Habenwollen« nicht von einem Mangelbewusstsein genährt wird. Wenn ich *nur* nach außen schaue, sehe ich nicht, was *da* ist. Im Mangelbewusstsein brauche ich von außen etwas. Das, was vorhanden ist, genügt dann angeblich nicht. Dieses Bewusstsein macht uns unfrei. Und so führt mich der Satz, »Alles, was du brauchst, hast du schon«, zum Potenzial des gegenwärtigen Moments zurück.

Die Welt des »Alles ist möglich« kommt heute zu einem Punkt, an dem die unendliche Auswahl ins Negative kippt.

Vor einiger Zeit sprach ich mit der Direktorin eines der besten Spa-Hotels im deutschsprachigen Raum, wo wir unsere Zen-Seminare abhalten. Sie hat durch ihre jahrzehntelange Arbeit mit täglich hunderten neuen Gästen ihr Ohr am Puls der Menschen. Paradoxerweise sieht sie diese Entwicklung positiv, nämlich als Chance zur Rückbesinnung. Melanie sagt: »Letztendlich führt die Überdimensionierung an Lebensvielfältigkeit zu einer Rückkehr. Erst wenn die Menschen alles gekauft und probiert haben, werden sie erkennen, dass sie das Wesentliche nicht erworben haben. Diesen langen, aufwendigen Weg müssen die Menschen gehen. Ich wünsche mir, dass viele Menschen ankommen, das ist wesentlich.«

Sie lehrt ihre Gäste Zen-Meditation und schätzt das Einfache im Zen. Es habe sie gelehrt, auf das Wesentliche zu achten, sagt sie.

Wie erkennen wir das Wesentliche? In der Begrenzung.

Indem wir Grenzen setzen, sagen wir Nein zu den hunderttausend Möglichkeiten, und das Wesentliche erscheint.

Grenzen öffnen den Weg zum Wesentlichen

Im Shinjinmei heißt es:
»Es ist nicht schwer, den Weg zu durchdringen,
wenn du nur frei bist
von wählerischer Wahl.«

Mönche und Nonnen, ob christliche oder buddhistische, verbannen die wählerische Wahl aus ihrem Leben. Sie beschränken ihr Leben in materieller Hinsicht, um Kraft zu haben, nach innen zu schauen. Denn, so das Shinjinmei weiter:
»Die Wahrheit ist ohne Zweiheit,
Die Nicht-Zweiheit ist die Wahrheit.«

Form und Freiheit

Das Leben in einem Zen-Kloster oder auch in einer einwöchigen Übungsperiode, dem *Sesshin*, ist äußerst strukturiert. Die Struktur ermöglicht höchstmögliche Klarheit und Konzentration: von der Haltung über den Tagesablauf bis zum Tempo, mit dem die Zen-Halle durchschritten wird. Das nennt man im Zen »Form«.

Das Strukturierte, Geordnete ist bei vielen Menschen negativ besetzt. Es erinnert an enge Zeiten, an Gehorsam, Militarismus und daran, dass »alle über den gleichen Kamm geschoren« werden. Die »Form« stößt daher zunächst einmal bei Zen-Einsteigern auf große Skepsis.

Jede Handlung im Zen ist Übung. In jedem Moment des Tages bleiben die Teilnehmer im Gewahrsein des Moments. Die Form hilft ihnen zu erkennen, wann sie abdriften, denn dann sind sie nicht »in der Form«, sodass es ihnen im Laufe eines *Sesshins* mehr und mehr gelingt, jeden Moment in der Form zu bleiben.

So wie ein Slalomfahrer viele tausende Male den Hang gleich hinunterfährt und so seine ideale »Form« findet, so unterstützt uns die Zen-Form, uns immer mehr auf unseren Körper zu verlassen. Tausendmal die Zen-Halle betreten, verbeugen und die Matten entlanggehen – und jede Zelle lernt dabei, die Bewegung mit 100 Prozent Bewusstheit zu vollziehen. In diesem Prozess bleibt die Form nicht das Extrem des Strukturierten, Geordneten, sondern in der Form verbindet sich das Strukturierte mit dem Lebendigen, der Geist mit dem Körper, der Wille mit der Absichtslosigkeit. Die zwei vermeintlichen Extreme werden eins, die Form füllt sich mit Leben.

Die Form hat drei Aspekte:

Konzentration

In der Zen-Übung geht es um wache Konzentration. Die richtige Haltung beim Sitzen und das Verhalten in und außerhalb der Zen-Halle unterstützen genau diese Konzentration.

Es ist nicht egal, wie wir sitzen. In Mentaltrainings oder geführten Meditationen heißt es oft: »Setzen Sie sich bequem hin, lockern Sie Ihren Gürtel und schließen Sie Ihre Augen.« Das ist, mit Verlaub, die beste Voraussetzung, um in das Wolkenkuckucksheim zu driften und vor sich hin zu dösen. Beim Zen gibt es bei der Körperhaltung mehr zu beachten. Wichtig ist, dass man nicht dazu verführt wird einzuschlafen. Geschlossene Augen zum Beispiel verleiten zu traumhaftem Assoziieren und inneren Bildern. Halb geöffnete (oder halb geschlossene) Augen sind für die Zen-Meditation förderlicher.

Die gerade Körperhaltung im Zen mit dem Schwerpunkt in

der Mitte, dem unteren Bauch, fördert die Wachheit und Konzentration. Sie ermöglicht es, viele Stunden bewegungslos zu sitzen und dadurch in eine tiefe Versenkung zu kommen.

Die Körperhaltung ist mit einer Gitarrensaite vergleichbar: Ist sie zu schlaff, tönt sie nicht, ist sie zu straff gespannt, reißt sie. Nur in der rechten Spannung entsteht ein wunderbarer Ton. Genauso besteht zwischen der aufrechten Sitzhaltung und der inneren Geisteshaltung eine starke Wechselwirkung. Unser innerer Ton entsteht durch den Körpergeist bzw. Geistkörper, der durch unsere Konzentrationsbemühung das Gedankenkarussell nach und nach einstellt und sich in der Stille einschwingt.

Wenn wir versuchen, uns zu konzentrieren, beeinflusst uns alles, was rundherum passiert. Wenn alle Anwesenden sich an die gleichen Verhaltensregeln halten, ist es nicht nötig, sich Gedanken zu machen wie zum Beispiel: »Soll ich mich jetzt verbeugen?«, »Warum geht der eine langsam und die andere schnell?«, oder »Gehe ich quer durch den Raum, oder soll ich lieber die Matten entlanggehen?«

Die einheitliche Form bewahrt uns vor Ablenkungen. Je klarer die Verhaltensregeln im Meditationsraum und während eines Sesshins sind, desto einheitlicher ist das, was alle tun. So wird die Arbeit der dauernden Informationsaufnahme zur Ruhe gebracht.

Die »Form« ermöglicht es, sich in der Stille auf nur ein Ding zu konzentrieren, nämlich auf die Meditationsübung.

Klarheit

Aus der konzentrierten Form aller Teilnehmer entsteht eine Form der Gesamtheit. Die Bewegungen jedes Einzelnen reduzieren sich nach und nach auf das Notwendige. Es ertönt das Klangsignal, und alle setzen sich. Ohne hin und her zu schauen, ohne diese und jene Falte noch einmal und noch einmal zu richten. Aus der Reduktion der Ablenkungen entsteht ein klarer Raum.

Von Stunde zu Stunde beruhigen sich die Gedanken, die innere Klarheit nimmt zu. Sie spiegelt sich zunehmend in der Klarheit der äußeren Form wieder. Die ersten zwei Tage ist noch Unruhe im Raum. Jeder Teilnehmer ist noch mit sich selbst, mit seinen Gedanken und Gefühlen beschäftigt. Die Teilnehmer zappeln, nesteln an der Kleidung, sitzen unruhig. Von Tag zu Tag werden diese (auf das eigene Selbst) begrenzten Gedanken weniger. Der innere Raum öffnet sich, die Teilnehmer nehmen die anderen und die Gesamtheit des Geschehens stärker wahr. Sie werden eins mit dem Rhythmus der Handbewegungen, der Verbeugungen, des Gehens. Ein Ton der Stille entsteht im äußeren Raum.

Sicherheit

Die Abläufe wiederholen sich, das Programm eines *Sesshins* bleibt zu 90 Prozent von Tag zu Tag gleich. Die Teilnehmer müssen sich nicht mehr damit beschäftigen, um wie viel Uhr etwas geschieht. Das Essen ist zur gleichen Zeit. Der Beginn des Zazen bleibt immer gleich. Ein Rhythmus entsteht und dadurch Geborgenheit.

Sie wissen, dass die *Jikijitsu*, die oder der Verantwortliche in der Zen-Halle, alle 25 Minuten – je nach Gruppierung auch alle 40 oder 50 Minuten – die Runde ausläutet. Sie kennen den Rhythmus, sie kennen die Form. Die Gedanken darüber, wie etwas zu tun ist, werden seltener.

Durch die körperlich-geistige Erfahrung entwickeln viele Zen-Neulinge im Laufe eines *Sesshins* nach und nach ein Verständnis für die praktischen Aspekte der Form.

Sie erfahren, dass die Spannung nach einer Woche Meditation tatsächlich nachgelassen hat, und sie begreifen, dass es nicht um ein Hin und Her zwischen Verspannung (im

Arbeitsleben) und Entspannung (in der Freizeit) geht, sondern darum, sowohl in der Arbeit als auch in der Freizeit in der rechten Spannung zu bleiben, das Leben zum »Klingen« zu bringen wie die Saite eines Musikinstruments, die nur in der rechten Spannung richtig klingt.

Nach einigen Jahren der Zen-Praxis bemerken viele Meditierende, dass es erst die Form ist, die es ihnen ermöglicht, die Form zu überwinden. Die Form ist wie ein Flussbett, das dem Fluss Heimstatt bietet, seine Richtung bestimmt und ihm Halt bietet, sodass das lebendige Wasser in ihm fließen kann. Der chinesische Zen-Meister Mazu Daoyi (jap.: Baso Doitsu) hat über die Form vor 1200 Jahren gesagt: »In die Form *hinein*gehen, aus der Form *heraus*gehen – und Freiheit erlangen.«

Ein Klavierspieler lernt viele Jahre lang, die richtige Haltung am Instrument einzunehmen, seinen Anschlag zu verfeinern und die Tempi passend einzusetzen. Jedoch erst, wenn er alles Gelernte vergessen kann, erreicht er in seinem Spiel die Freiheit. So kann sich auch in unserem Leben eine Form entwickeln, aus der sich Freiräume öffnen. In diesen Freiräumen entfaltet sich der Ton der Wahrheit und des Wesentlichen. Hören wir ihm zu.

6

Die Leere
sprechen lassen

Die moderne Kunst in Europa hat die Leere für sich entdeckt –
als Ort der Entfaltung und der Freiheit.[49] Sie ist von der japanischen Ästhetik und damit auch von Zen inspiriert worden.

Eine Tuschezeichnung aus Japan spricht mich mit ihrer
Rhythmik und Einfachheit anders an als ein Ölgemälde von
Rubens mit seinem ausgemalten, oft sehr detailreichen Hin-
tergrund. Die sparsamen Pinselstriche neben viel Weiß rüh-
ren mich auf eine seltsame Weise an, obwohl und gerade weil
der Großteil des Papiers nicht zeichnerisch gestaltet wurde.
Am Rande des Bildes sitzt ein Vogel auf einem Zweig, mit
sparsamen schwarzen Tuschestrichen hingehaucht, der Rest
des Bildes bleibt Freiraum.

Haben die Künstler Farbe gespart? Nein, das Nichtgezeich-
nete, der weiße Raum auf dem Bild ist der wichtigste Teil
der Zeichnung. Sie ist nicht nichts, sondern gibt dem Etwas
erst die Bedeutung, den Rhythmus und den Kontext. Ebenso
ist die Reduktion auf Schattierungen von weiß über grau zu
Schwarztönen gewollt, denn dadurch wird ihr innerer, geistiger Charakter spürbar.

Je sparsamer die Ausgestaltung, desto mehr spricht die
Leere zum Betrachter. Sie deutet auf etwas, was nicht sichtbar
ist, auch nicht sichtbar gemacht werden will, sondern was
dahintersteht. Der weiße Raum gibt dem Vogel die Bedeu-

tung. So entsteht eine Beziehung zwischen Gegenstand und Zwischenraum. Das Weiße, Ungestaltete, ist das Potenzial, das Nichts, aus dem das Schöpferische spricht. Dementsprechend wird diese Art des schöpferischen Gestaltens »Malen durch Nicht-Malen« bezeichnet. Im Bild wie auch in der Kalligrafie ist diese Leere ein Vorstellungsraum, der alle Möglichkeiten in sich enthält und vom Betrachter gefüllt wird. Die Leere knüpft in gewisser Weise ein Band zwischen der Aussage des Bildes und der Vorstellungskraft des Menschen, der davorsteht.

Daisetz T. Suzuki streicht in seinem Buch »Zen und die Kultur Japans« heraus, dass die ostasiatische Kunst das Leben von innen statt von außen zu erfassen sucht.[50] Wenn ich eine Tuschemalerei betrachte, dann rührt sie einen inneren Raum in mir an und spricht zu mir. Gerade das Nichtdefinierte, Offengelassene wird so zur Inspiration.

Die Poesie des Zwischenraums

Vor einigen Jahren erlebte ich die Sängerin Jessye Norman im Goldenen Saal des Musikvereins in Wien. Es war ein einfacher Liederabend, und doch war es eine Sternstunde der Musik. Norman beherrschte mit ihrer prachtvoll flutenden Stimme die Nuancen und Differenzierungen, die Pausen und den großen Gestus gleichermaßen. Das Publikum war ganz Ohr und genoss die vielen Schattierungen ihrer Stimme, vom Forte bis zum Piano. Ihr letztes Lied schloss mit einem Pianissimo. Es war still im Saal, nichts regte sich. Man hätte eine Stecknadel fallen hören. Keiner applaudierte. Eine Minute lang unterbrach niemand diese reiche, spannungsgeladene Stille. Dann plötzlich entlud sich ein tosender Beifallssturm. Er ebbte erst nach langer Zeit ab. Die Stille vor dem Applaus war wie ein Verklingen der letzten leisen Töne in der Lautlosigkeit gewesen, das in den Zuhörern weiterschwang.

Der berühmte Pianist Vladimir Horowitz soll einmal gesagt haben: »Es ist die Stille, die zählt, nicht der Applaus. Applaus kann jeder haben.« Wenn ein Künstler durch seine Musik das Publikum in eine derart spannungsgeladene Stille führen kann, dann hat er die höchste Meisterschaft erreicht.

Die Energie der Stille, die 2000 Menschen gemeinsam in Spannung hielt, hatte ich auf diese Weise noch nie erlebt. Ich verstand in diesem Moment sehr gut, was ich in einem japanischen Buch gelesen hatte: »Der Zwischenraum ist nicht leer, er ist voll mit Ki (Energie).« Die Energie der Pause hatte das Publikum eine Minute lang in Bann gehalten. Die Stille hatte eine engere Verbindung von der Sängerin zum Publikum geknüpft als der tosende Applaus.

Mein Vater, der Dirigent Kurt Wöss, berichtet in seinen noch unveröffentlichten Memoiren ein ähnliches Erlebnis nach seinem ersten Konzert in Japan. 1951 trat er in der mit 3000 Besuchern vollbesetzten Hibiya Hall in Tokio auf.[51] Er hatte die vierte Symphonie von Johannes Brahms soeben beendet, und es blieb mucksmäuschenstill. Erst nach einer langen Pause brach der tosende Applaus los – ganz ähnlich, so sagt er, wie in den deutschsprachigen Ländern, anders als in sonstigen Weltgegenden, wo der Applaus sofort mit dem letzten Ton einsetzt.

Der griechische Musiker Leonidas Kavakos, Geiger und Dirigent, experimentierte immer wieder mit der Stille nach dem letzten Takt eines Musikstücks. Vor einigen Jahren bat er seine Zuhörer, nach Ende des Programms nicht zu applaudieren. »Als wir fertig waren, gab es fünf Minuten totale Stille. Können Sie sich vorstellen, wie sich das anfühlt? Fünf Minuten Stille bei zweitausend Zuhörern?«, sagte er später in einem Interview. Stille sei für ihn die höchste Art der Kommunikation. »Stille ist jenes Mysterium, aus dem alles geboren wird«, so Kavakos.[52]

Stille innerhalb eines Musikstücks nennt man Pause. So wie ein Wald ohne Zwischenräume nicht denkbar ist, weil die Bäume nicht wachsen und wir nicht hindurchgehen könnten, so ist ein Musikstück ohne Pausen undenkbar.

Seit dem 17. Jahrhundert werden in der europäischen Musik Pausen gesetzt, wo musikalisch die Vorstellung des Abbrechens, Abschneidens, des Atemlosen und der Stille vermittelt werden soll.[53] Akademisch ziseliert klingt die Definition der Pause in den Worten einer Professorin für Dramaturgie ganz anders: »Pause wird definiert als temporäre Unterbrechung einer Handlung, Tätigkeit oder Ereigniskette, der die Bedingung des zeitlichen Verlaufs und somit die Erwartungshaltung eines ›Nachher‹ innewohnt.«[54] Weiter heißt es über ihre Bedeutung: »In der Musik, die traditionell durch die Anwesenheit des Klangs definiert war, haben Pausen traditionell einen minoritären Raum als Komplementärphänomen zum Klang.«

Vereinfacht ausgedrückt heißt das: Die Pause ist eine Unterbrechung der Melodie, und man erwartet, dass sie danach weitergeht. Und des Weiteren wird befunden, dass die Pause unwichtiger als der Klang ist. Hier begegnen wir erneut dem Gedanken, dass das, *was ist*, nämlich der Ton, abzuwerten sei gegenüber der Pause, also dem, *was nicht ist*.

Wenn man Definitionen wie die obige liest oder auf einem Notenblatt das Symbol der Pause sieht, könnte man meinen, Pausen würden willkürlich und mechanistisch gesetzt. Tatsächlich haben Pausen damit zu tun, dass Menschen musizieren und nicht Maschinen. Das empfinden Musiker so, wenn zum Beispiel jemand über die Pausen in den Symphonien Anton Bruckners schreibt: »Die Bruckner'schen Pausen sind ein tiefes Atemholen vor einer besonderen Aussage.«[55]

Innehalten inspiriert

Atemholen, das ist der Schlüssel. Die Pause in der Musik ist ein Atemholen, für die Musiker und auch für die Zuhörer. Singen ist die älteste Form der Musik, und wo Menschen singen, da holen sie Atem. Die Pause ist folgerichtig nicht die »temporäre Unterbrechung einer Handlung«, sondern der Ausdruck des Lebens an sich.

Viele Musikinstrumente werden mit und auf dem Atem gespielt, aber auch bei anderen als den Blasinstrumenten ist der Atem bedeutend. Solange eine Hand den Bogen hält oder Tasten anschlägt, so lange beeinflussen Pulsschlag und Atemrhythmus dieses Menschen die Musik. Er folgt mit dem Duktus der Melodie seinem inneren Tempo, das in natürlicher Weise wiederum mit dem Schwingen seines Atems und Herzschlags übereinstimmt. Solange Musik von Menschen gespielt wird, so lange ist ihre rhythmische Körperlichkeit in der Musik zu spüren. Dann wohnt der Musik eine schwingende Qualität inne, die aus dem Ein- und Ausatmen kommt und die nicht vollkommen regelmäßig ist. Das Feingefühl des inneren Hörens auf den eigenen Atem und die Impulse aus der Melodie führen zu Verlängerungen und Verkürzungen.

Das Mechanistische hat jedoch im 19. Jahrhundert mit der Einführung des Metronoms Einzug gehalten und die Qualität des Atems aus der Musik genommen. Dies lernte ich in einem Seminar, in dem der Arzt und Künstler John Diamond Musikern das Thema Lebensenergie nahebrachte. Er lehrte die Musiker, sowohl Pianisten als auch Streichern, ihrem Atem zu folgen. Das fiel den meisten nicht so leicht. Denn es bedeutete, sehr bewusst den eigenen Körper in die Musik hineinzunehmen. Sie sollten nach innen horchen und gleichzeitig in der Musik nachspüren, wie der innere Rhythmus eines Komponisten wie Beethoven gewesen hätte sein können.

Die meisten hatten bis dahin nach äußeren Tempovorgaben musiziert, viele nach dem Metronom, für Diamond das Mörderwerkzeug für Musikalität. Denn es hatte äußere, objektiv messbare Tempi eingeführt und damit den Musikern das Empfinden für Schwingung, den Atem und den Herzschlag des Komponisten genommen, der in der Interpretation der Musik spürbar werden soll. Um dieses innere Hören geht es auch, wenn Otto Klemperer seinen Dirigentenkollegen rät, nicht auswendig, sondern inwendig solle man dirigieren.[56]

So sind Pausen und die Qualität, die zwischen den Noten spürbar wird, innig mit uns als lebendem Organismus und dem Schöpferischen verbunden.

Der Ausnahmemusiker Gidon Kremer meint ebenfalls: »Wie oft in Partituren, Büchern oder Gemälden der Meister war es nicht so sehr das, was in den Noten, Worten oder Farben zum Ausdruck kommt, als vielmehr was zwischen den Noten, hinter den Zeilen, außerhalb des Bilderrahmens sich äußert. Um es zu formulieren, müsste ich von Vibrationen, Assoziationen, Perspektiven und Intensität sprechen.«[57]

Der Dirigent Riccardo Muti sagte in einem Interview: »Zwischen den Noten gibt es etwas, was man nicht kontrollieren kann, die unbegrenzten Möglichkeiten einer Interpretation. ... Wir müssen die Noten zu einem Klang bringen. Wenn die Noten in der Partitur stehen, sprechen sie nicht. Wenn man ihnen Leben gibt, klingen sie, aber man kann sie nicht sehen. Es ist tatsächlich etwas Göttliches: Zwischen den Noten ist das Universum.«[58]

Und in den einfachen Worten von Wolfgang Amadeus Mozart: »Die tiefste Musik steht zwischen den Noten.«

Joachim-Ernst Behrendt, der Meister des »inneren Hörens«, schreibt: »So umhüllen die Komponisten und Musiker der Welt ihr edelstes Geschenk – den Zwischenraum zwischen den Tönen und Klängen, die Stille, das Schweigen mit ... ihrer Musik – und sind bestrebt, die tönende Verpackung über die

Jahrhunderte hinweg immer noch edler, immer noch mehr zu dem darin verborgenen Inhalt zu machen.«[59]

Behrendt holt somit den Zwischenraum aus dem trocken-akademischen »minoritären Raum als Komplementärphänomen« heraus und stellt Töne als Versuch dar, die Stille und das Schweigen zu umhüllen.

Wenn die Stille jener Zwischenraum ist, dem wir lauschen sollen, dann sollten wir als Zuhörer auch anders horchen.

In der Zen-Halle wird die Meditation mit vier Schlägen einer Glocke eingeleitet. Geht es um die Töne oder um die Zwischenräume zwischen den Tönen? Weist der Ton auf etwas hin? Der Klang der Glocke wird leiser und leiser, bis er verklingt. Er schickt die Anwesenden auf eine Reise in die Stille. In die Stille hinter die Stille.

In einer Zen-Schrift heißt es: »Wenn es keinen Ton gibt, so wird gesagt, dass es kein Hören gibt, doch dies bedeutet nicht, dass das Hören seine Hörbereitschaft verloren hat. In der Tat! Wenn kein Ton vorhanden ist, ist das Hören sehr aufgeweckt.«[60] Die Stille zwischen den Tönen führt uns in ein inneres Hören, das umfassender und durchdringender wahrnimmt als das äußere Hören und uns zu einem ursprünglichen Wahrnehmen zurückführt.

Ein einzelner Glockenschlag – wenn er verklingt, gelingt mir das Erlauschen der Stille besser.

Dazu kommt mir das Haiku-Gedicht von Matsuo Basho in den Sinn[61]:

»Die Tempelglocke verstummt,
doch der Ton klingt immer noch
aus den Blumen.«

Der Komponist und Pianist Tom Peters, ein Lauscher des Unhörbaren im Hörbaren, erklärt: »Vertiefen wir uns hörend genauer in einen einzelnen Ton, dann verstehen wir: Je weniger (technische) Hilfsmittel (Notation) eine Kultur hatte, umso feiner war ihre Sinneswahrnehmung.«[62] Ein Haiku-Gedicht hat nicht mehr als 17 Silben, genügend Raum für feinsinnige Stille. Wieder ein Argument dafür, dass Einfachheit die Stille wahr werden lässt.

Wo Begegnungen sich entfalten

Das Leben ist für viele Menschen so dicht geworden, dass alles einen Zweck haben muss. Bewegung dient der Fitness, der Weg zur Arbeit sollte möglichst effizient und schnell sein, und die Gespräche im Büro dienen der Erreichung des Unternehmensziels. Das Erledigen und Funktionieren wird zur Leitlinie des Alltags. Freiräume, die keinem Zweck dienen, werden wegrationalisiert.

Das beraubt uns der Poesie des lebendigen Austauschs. Einem Menschen zu begegnen, bedeutet, einen Freiraum zu lassen, in dem sich ein Gespräch jenseits terminlicher Absprachen entwickeln kann. Es setzt jedoch voraus, den Tag nicht vollständig zu verplanen. Wenn ich etwas besprechen will und mein Partner ist dauernd in irgendwelchen Projekten eingebunden, dann ist unsere Partnerschaft in Gefahr. Tiefe Begegnungen entfalten sich nur in Zeiten, in denen eine Partnerschaft oder Beziehung Atem holen kann.

Das erfuhr ich an einem Morgen im Sommer auf dem Weg zur Arbeit. Damals wohnte ich auf dem Land. Dort hatten unsere Kinder eine große Wiese zum Spielen und konnten mit ihren Dreirädern wild um die benachbarte Kirche sausen. Daneben hatten auch meine Eltern eine Wohnung. Gesehen haben wir uns oft, doch war es meistens zu Essenszeiten, zu denen mehrere Personen um den Tisch herumsaßen. Für tiefergehende Gespräche hatten wir kaum Zeit, es fiel mir nicht einmal auf.

In jenem Sommer arbeitete und pendelte ich jeden Tag mit

der Bahn in die Universität. Das war kein Problem, der Gehweg war in 15 Minuten zu schaffen. Da ich sportlich war und oft mehr lief, als ich ging, und sehr oft in Eile war, wusste ich, dass ich den Weg auch in sieben Minuten schon einmal hingekriegt habe. Daher wurde es manchmal richtig knapp. Eines Morgens erreichte ich den Bahnhof gerade in dem Moment, als die Türen des Zuges geschlossen wurden und der Zug anfing zu rollen. Nun hatte ich doch tatsächlich den Zug verpasst! Justament an diesem Tag hatte ich ein wichtiges Gespräch mit einem betagten, ehrwürdigen Universitätsprofessor vereinbart. Ich hatte monatelang versucht, diesen Termin zu ergattern. Und nun stand ich da und hatte kein Auto. Verzweifelt kehrte ich nach Hause zurück. Als ich in den Garten einbog, stand mein Vater im Pyjama vor seiner Wohnung. »Was ist los?«, fragte er, als er mein verzweifeltes Gesicht sah. Ich erklärte meine verfahrene Lage. Spontan sagte er: »Weißt du was? Ich bin zwar gerade erst aus dem Bett gestiegen, aber ich kann dich fahren.«

Und so fuhren wir gleich los. Er chauffierte mich in seinem gestreiften blauen Pyjama, so wie er war und ohne Frühstück, eine Stunde in die Stadt. Zurück würde es wieder eine Stunde dauern. Zwei Stunden mit nüchternem Magen ohne Kaffee und Butterbrot, das war echte Liebe. Und es war das erste Gespräch seit Jahren, in dem wir uns von Mensch zu Mensch, von Erwachsenem zu Erwachsenem unterhielten. Er war sehr nachdenklich, aber auch lustig und erzählte mir, was er seiner Einschätzung nach in den 73 Jahren seines Lebens richtig und falsch gemacht hatte. Vor allem sagte er diesen einen Satz zu mir: »Ich habe mein Leben gelebt und alles verwirklicht, was ich mir erträumt hatte. Ich kenne 140 Länder und habe alle Kunstmuseen dieser Welt besucht. Ich habe mit meiner Musik viele Menschen beglückt. Ich möchte, dass du weißt, dass ich nichts bereue.«

An diesen einen Satz habe ich noch oft denken müssen. Später. Es ist für Kinder wichtig zu wissen, dass sie nichts versäumt haben und sich daher keine Vorwürfe machen müssen. In dieser einen Stunde im Auto hatten sich unsere Herzen berührt. Nach einer Stunde lieferte er mich an der richtigen Adresse ab, und ich kam rechtzeitig zu meinem Termin.

Danach ging er auf Tournee, nach Korea und Japan und anschließend nach Deutschland. Einige Wochen später bekam ich einen Anruf von meiner Mutter. Sie hatte ihn zu Konzerten nach Dresden begleitet. Zu Beginn der Generalprobe zur zweiten Symphonie von Anton Bruckner sprang er auf das Podium – und gerade als er den rechten Arm zum Auftakt hob, war er zusammengebrochen und gestorben. Als er tot auf dem Boden lag, lächelte er. Er hatte sein Leben in Frieden beendet. Somit war die Unterhaltung im Auto unser letztes Gespräch gewesen.

Solche Gespräche ergeben sich zufällig, meist in Zwischenräumen. Wäre mein Vater nicht da gewesen, dann wären wir nicht gemeinsam im Auto gefahren. Es ist sehr unwahrscheinlich, dass wir ein anderes Mal jemals die Leichtigkeit gefunden hätten, uns so offen auszutauschen.

Spontane Freiräume

Zweckfreie Zeiten sind wichtig. In unserem durchgetakteten Lebensalltag erliegen wir leicht der Täuschung, dass auch in menschlichen Beziehungen alles geplant werden kann. Schließlich wollen wir alles unter einen Hut bringen! Für manche ist es hilfreich, Freiräume in ihrem Kalender zu markieren. Meine Freundin reserviert sich zum Beispiel jeden Donnerstag für einen »Partnerabend«. Einmal in der Woche hält sie sich den Abend frei, um mit ihrem Partner ins Kino oder in ein Restaurant zu gehen. Sie schützt dadurch den freien Raum, der gute Gespräche möglich macht. Mit diesem Ritual kommt sie gut zurecht.

Andererseits braucht man oft abseits von geplanten Zeiten Freiräume, um für einen anderen Menschen da zu sein. Die sogenannte Qualitätszeit zum Beispiel, die berufstätige Eltern ihren Kindern widmen, ist wichtig, aber es ist nicht immer der Zeitpunkt, an dem die Kinder sie am dringendsten brauchen. Wenn ihnen ein Sandkistenfreund gerade die Burg zerstört hat und sie aufgelöst und wütend sind, ist möglicherweise keine Qualitätszeit vorgesehen, und die Eltern sind nicht da. Wenn sie krank werden, sind auch nicht vorhersehbare Freiräume vonnöten. Da braucht es im Leben Zeiten, die nicht durchgeplant sind, sondern die Flexibilität erlauben.

Es ist die Zweckfreiheit, die Begegnungen eine besondere Qualität gibt. Wann haben wir schon Zeiträume, in denen wir einander begegnen können, ohne dass eine Absicht hinter dem Gespräch steht? Nicht einmal innerhalb der Familie ist dies oft der Fall. Die meisten Gespräche, die stattfinden, sind Monologe zweier Menschen: Jeder bleibt bei seinem Thema und seinem Anliegen, und Austausch findet kaum statt.

Es gibt auch Gespräche, die mit einer gewissen Ungeduld im Herzen geführt werden. Sie sind etwas besser als die »Monolog«-Dialoge. Dabei tut der Gesprächspartner so, als ob er aufmerksam zuhöre, in Wahrheit ist er während des Zuhörens schon beschäftigt, sich im Kopf eine Antwort zu überlegen. Er ist innerlich nicht präsent, sondern nur äußerlich. Diesen Gesprächen merkt man an, dass die Gesprächspartner ungeduldig darauf warten, zu Wort zu kommen, denn es gibt keine Pausen. Es wohnt ihnen eine Art Atemlosigkeit inne, als ob es um einen Wettbewerb der Worte ginge. Dort entwickelt sich kein echtes Zuhören.

In den meisten Gesprächssituationen nimmt einer dem

anderen den Atem weg. Ganz schlimm ist es, wenn man mit Fragen und Meinungen überhäuft wird, sodass sich die Unruhe des Sprechers auf einen selber überträgt.

Einer spricht, der andere hört zu und schweigt

Gute Gespräche geben uns die Zeit, dazwischen Atem zu holen, denn Begegnungen brauchen Atem. Einer spricht, der andere hört zu. Wenn die Atemzüge übereinstimmen, dann ist das Gespräch stimmig. Im Japanischen spricht man dann von einem A-Un-Atem. Als ich in Japan war, sah ich vor japanischen Tempeln oft zwei Löwenhunde oder auch zwei Wächterfiguren. Einer hat den Mund offen und einer den Mund geschlossen. Sie werden A-Un-Figuren genannt.[63] Da schließt sich der Kreis zum A-Un-Atem. So sollte das ideale Gespräch sein: Einer spricht (Mund offen) und der andere hört zu (Mund geschlossen). Dann folgt es einem natürlichen Rhythmus, dann ist man auf der »gleichen Wellenlänge«.

Manchmal sind nicht einmal Worte nötig, dann versteht man einander auch schweigend. Stellen wir noch den Zwischenraum dazu. Denn das japanische *ma* ist die Bezeichnung für den Punkt, an dem sich der Atem dreht. Es ist die Stille zwischen Ausatmen und Einatmen. Es ist genau der Raum, an dem sich die Gedanken der zwei Sprechenden treffen. Atemholen – zuhören. Pause. Ausatmen – sprechen. Pause. Einatmen – zuhören. Pause. Ausatmen – sprechen. Pause. Eine erfolgreiche Managerin verriet mir, dass sie als gute Zuhörerin ihre Gesprächspartner überrascht: »Durch Zuhören gewinne ich oftmals mehr Aufmerksamkeit als durch Worte. Ich genieße den Raum, ohne ihn bespielen zu müssen.« Sie ist im Zuhören ganz da und nicht in Gedanken woanders. Das ist eine hohe Kunst.

Meistens fällt es jedoch schwer, längere Pausen in Gesprächen auszuhalten, denn die Konvention zwingt uns, den

Gesprächsfaden wiederaufzunehmen. Gerade in Pausen aber können wir denken und das Gehörte wirklich wahrnehmen.

Eine besondere Freude bereitet mir, mit Menschen zusammen zu sein, mit denen ich auch einige Minuten schweigen kann. Das ergibt sich bei Gesprächen im absichtslosen Raum.

Beim Gehen gelingt dies besonders gut. Das deutsche Wort »spazieren« kommt übrigens vom lateinischen Wort »spatium«, Raum, Zwischenraum. Wenn wir uns bewegen, wandern auch unsere Gedanken leichter, Zwischenräume öffnen sich. Es stört nicht, wenn das Gespräch in Schweigen übergeht, wir erleben gemeinsam das Gehen und hängen unseren Gedanken nach. Das Schweigen hilft uns, uns klarer über das Gesagte zu werden und eigene Antworten zu entwickeln. Gesprächspausen sind auf diese Art ebenso wie die Pausen in der Musik schöpferisch und ermöglichen einen tiefen Austausch. Gespräche im Gehen entwickeln einen eigenen Rhythmus, das Staccato der Meinungen verliert an Bedeutung und gewinnt an Weite, die Pausen werden länger. Im Ungesagten gehen die Gedanken weiter: wie Schwingungen, die sich weiter ausbreiten. Wir fühlen uns lebendig.

Im Zen ist Schweigen ein wichtiger Teil, wenn nicht der wichtigste Teil der Begegnung zwischen Zen-Meister und Zen-Schüler. Es ist der Zwischenraum, in dem sich wortlose Übereinstimmung ereignet.[64] Das Unsagbare im Sagbaren auszudrücken, ist schwierig. Sobald geredet wird, verheddert man sich im Sprachnetz der Worte und verirrt sich in engen Bedeutungen. Im Schweigen, diesem Zwischenraum (*ma*) des Redens, findet sich ein Weg des Ausdrucks. Selbst Worte können Teil des Schweigens sein.[65]

Hierzu fällt mir ein Bild ein. Ein Wasserfall stürzt über die Klippen. Er rundet die Steine, über die das Wasser fließt, nimmt Mineralien auf und Erdinseln. Manchmal stürzt der Wasserfall fünf Meter jäh hinab, dann wieder ruht er sich in kleinen Gumpen aus. Jeder Wasserfall ist anders, sein Wasser schmeckt anders, er hat sich einen anderen Weg gebahnt, hat andere Dinge aufgenommen auf dem Weg ins Tal. Wie so ein Wasserfall ist das Leben eines einzelnen Menschen. Vom Berg gegenüber fließt ebenfalls ein Bach den Berg hinunter. Auch dieses Wasser ist einzigartig, sein Verlauf mit keinem anderen zu vergleichen. Er hat riesige Steine mitgerissen, war ungestümer und lauter. Wie diese unterschiedlichen Wasserläufe, so ist der Geschmack jedes Lebens anders, und welche Wege sie durch Stein-Hindernisse genommen haben, ist auch einmalig. Letztlich fließen beide Wasserläufe in einen Bergsee, dort vermischt sich das Wasser. Dieser Bergsee ist der Zwischenraum in der Begegnung im formellen Zen-Gespräch. Der See ist tief und klar, die Strudel und die Wasserfälle haben hier ihr Ende gefunden, die Steine sind auf den Seegrund gesunken. Beide sitzen einander gegenüber, Stille herrscht. Nun springt ein Kieselstein in das Wasser. Er sinkt langsam hinunter, Wellen breiten sich kreisförmig aus. Das Wasser beider Wasserläufe ist da, sie spüren die Wellen gemeinsam, und daraus kann ein Gespräch – schweigend oder nicht schweigend – entstehen. So ist der Zwischenraum des Bergsees Gemeinsamkeit und Gespräch zugleich.

Das unbeschriebene Blatt

Nicht nur im Schweigen und im gesprochenen Wort spielt die Leere eine Rolle. In Japan gibt es eine jahrhundertealte Kultur des Briefeschreibens, die sich durch Zeichen und Symbole ausdrückt. Das Briefeschreiben ist dort eine besondere Kunst, die in poetischer Weise die Achtung vor dem Adressaten offenbart. Dafür wählt man einen schönen, oft hauchdünnen Papierbogen, auf den man mit eleganten Schriftzeichen die Botschaft schreibt. Die Briefmarke sollte zur Empfängerin oder zur Jahreszeit passen. Zuletzt legt man zum Brief noch ein unbeschriebenes Blatt dazu. Dieses leere Blatt ist wichtig. Als vernunftbetonter Mensch könnte man meinen: So eine Verschwendung, da zahlt man doch mehr Porto! Das unbeschriebene Blatt hat jedoch eine besondere Bedeutung. Es bedeutet: »Ich musste zwar hier mit dem Schreiben aufhören, aber ich hätte ja noch so viel zu sagen ...«

Was für ein wunderbarer Gedanke! Die Botschaft geht nach dem letzten Punkt und der Unterschrift weiter. Das leere Blatt scheint zu sagen: Auch in der Zwischenzeit, in der wir einander nicht sehen, ist unsere Verbindung lebendig. Ich denke oft an dich, viele Momente würde ich gerne mit dir teilen, aber du bist nicht da. So schicke ich mit einem einfachen Blatt Papier eine wesentliche Botschaft mit.

Gespräche brauchen Pausen, ein Zen-Gespräch den Zwischenraum, Briefe ein leeres Blatt. Zwischenzeit und Zwischenraum gehören zu Begegnungen dazu.

Das japanische Schriftzeichen für »Mensch« unterstützt diese Beobachtung. Wie auch chinesische Schriftzeichen haben japanische Schriftzeichen einen abbildenden Charakter. Ein solches Bild ist in beiden Sprachen das Schriftzeichen für »Mensch«. Mit wenig Fantasie sehen wir zwei Beine (jap. *hito*). Da scheint ein Mensch breitbeinig vor uns zu stehen.

Es gibt jedoch einen weiteren Begriff, der sich aus zwei Zeichen zusammensetzt und auch Mensch bedeutet. Er setzt

sich aus dem bekannten Zeichen für Mensch (mit zwei Beinen) zusammen und aus dem Zeichen für Zwischenraum, *ma*.
Gelesen wird es *ningen*. Wörtlich also ein Mensch mit Zwischenraum.

Was ist nun der Unterschied zwischen den beiden Begriffen? Das einzelne Zeichen *hito* wird etwa bei Menschen-
angaben gebraucht, wenn man sagen will: Hundert Menschen befinden sich auf dem Platz. Der zusammengesetzte
Begriff »Mensch mit Zwischenraum«, *ningen*, charakterisiert
den Menschen viel umfassender. Er hat die Bedeutung »Charakter« oder auch »Persönlichkeit«. In erster Linie ist jedoch
der Mensch in Verbindung mit anderen Menschen gemeint.
Wenn wir das Zeichen so betrachten, verstehen wir, dass die
Verbindung (der Zwischenraum) zwischen den Menschen das
Menschliche ausmacht.

Oft vergessen wir das. Entweder haben wir keine Zeit, um
uns mit anderen Menschen zu beschäftigen, oder wir machen
uns Vorstellungen von anderen Menschen, wie sie sein sollen und wie wir sie uns wünschen. Einer meiner Zen-Leh-

rer brachte mal das Beispiel mit der Brille. Wir setzen uns eine Brille auf, die Optimisten nehmen eine rosa Brille, die Pessimisten eine »graue« Brille. Alles, was wir uns ansehen, wird durch diese Brille als Wahrheit aufgefasst.[66] Die einen sehen ihren Partner rosa, die anderen mäkeln dauernd an ihm herum, weil sie alles, was er tut, immer nur negativ interpretieren. Wir sind alle nicht gefeit davor. Wir verstricken uns in Gefühlen und verheddern uns in unseren Bewertungen.

Besonders in fremden Kulturen ist mir das häufig passiert. Dort tragen wir die Brille unserer Heimat und interpretieren alle Handlungen der Fremden auf unsere Weise. Wir verhalten uns so, wie wir es gelernt haben. Das wird von den anderen jedoch auch in ihrem Verständnis »miss«-interpretiert. Ein Erlebnis ist mir ganz besonders in Erinnerung geblieben.

Nicht-Zeit in der Gegenwart

Ich verbrachte zwei Jahre als Stipendiatin in Japan. Einerseits wohnte ich in Tokio, um an der Universität Tokio Vorlesungen besuchen zu können, andererseits verbrachte ich viele Wochen in einem buddhistischen Tempel auf der Noto-Halbinsel, um dort zu forschen und meine Dissertation zu schreiben. An den Tempel angeschlossen war das Wohnhaus des Priesters Iiyama Shogo, wo er mit seiner Frau, seiner Mutter und seiner Tochter lebte. Iiyama saß gewöhnlich in einem Raum in der Mitte des Hauses auf einem dünnen Kissen am Tatami-Boden. Vor seinem Platz hing ein Eisenkessel von der Decke mit heißem Wasser, allzeit bereit, um einem Gast grünen Tee aufzugießen. An der Wand hinter dem Priestersitz befand sich linkerhand der Buddha-Altar, eine Art Schrank, in dem eine Buddha-Statue und die Namen der Familienahnen auf Lacktafeln aufbewahrt wurden. Rechterhand schloss sich die *Toko-no-ma*-Nische an, die mit frischen Blumen und einer passenden Hängerolle geschmückt war. In diesem Raum trafen wir einander jeden Tag, lasen gemeinsam buddhistische Texte und diskutierten. Es war sicher der lebendigste Raum des ganzen Tempelkomplexes, auch der am besten beheizte. Für mich war der Raum wie ein Wohnzimmer.

Eines Tages war Iiyama außer Haus, und ich setzte mich alleine in seinen Raum. Da es dort keine Möbel gab, lümmelte ich, halb auf meinen Arm gestützt, auf dem Boden und las in meinem Buch. Die Schiebetüre stand halb offen, sodass eine frische Brise von außen durch den Raum wehen konnte. Plötzlich spürte ich von dort Unheil nahen. Die Priestermutter stand in der Tür und herrschte mich zornig an: »Wie lümmelst du denn da herum? Kannst du dich nicht benehmen? Außerdem zeigen deine Fußsohlen zum Buddha-Altar!« Ich fauchte zurück und verzog mich – ziemlich zornig – auf die Veranda an der Rückseite des Hauses. Dort saß ich alleine mit meinem Zorn und badete in Selbstmitleid. Manchmal konnte ich mich ziemlich einsam und unverstanden am anderen Ende der Welt fühlen.

Eine halbe Stunde später kam der Priester nach Hause. Er näherte sich und sagte sanft: »Ich habe von eurer Auseinandersetzung gehört. Jetzt ist ein guter Zeitpunkt, eine Teezeremonie anzusetzen.«

Und so wurden die Vorbereitungen gestartet. Einige Nachbarn wurden zur spontan angesetzten Teezeremonie eingeladen. Mich führten sie in den Aufbewahrungsraum für Kimono, dort zog man mir mehrere Schichten über. Zuletzt wickelten sie mich in einen wunderschönen Brokat-Kimono. Während dieser Prozedur arbeitete es in mir weiter: »Was soll das Ganze? Wie hätte ich das mit den Fußsohlen wissen sollen? Blöde Urschel!«

Vor der Teezeremonie warteten wir auf einer Bank im Garten

unter einem Schilfdach auf den Beginn. Das Schilfdach sollte uns erinnern, dass alles auf dieser Erde vergänglich sei. So auch mein Ärger. Aber noch kochte ich innerlich, ich war noch lange nicht so weit, die Schönheit des Gartens wahrzunehmen. Er war so angelegt, dass das Auge zur Ruhe kommen musste. Neben dem Teich in der Mitte des Gartens wuchs eine Föhrengruppe, dazwischen schlängelte sich ein Weg aus Steinplatten. Die Steinplatten, so erfuhr ich später, weisen auf die Eigenschaft der Selbstlosigkeit hin, da sie sich von den Teegästen »betreten« lassen. Sie hätten mich lehren können, meinen Ärger, der wohl aus verletztem Stolz rührte, als Gefängnis zu erkennen, in das ich mich selbst trotzig eingesperrt hatte. Doch diese Sichtweise war mir damals noch ziemlich fremd.

Schließlich betraten wir das Teehaus durch den nur einen Meter hohen Eingang, sodass jeder Gast seinen Kopf einziehen musste und nicht aufrechten Hauptes eintreten konnte – wieder ein Hinweis auf das Thema Stolz (und meine Rechthaberei). Alle bewegten sich schweigend und kontrolliert (von Dampf ablassen können war hier keine Spur). Im Teehaus, einem kleinen Tatami-Raum, setzten wir uns im Fersensitz auf den Boden. Iiyama war der Teemeister. Er setzte sich vor den Wasserkessel, der von der Decke hing, und wartete. Langsam erhitzte sich der Kessel, sodass die Stille vom leichten Summen des wärmenden Wassers noch hörbarer wurde. Das hatte etwas Beruhigendes. Von draußen hörte ich den Ruf eines Vogels. Als ich dort saß, begann ich nach und nach mehr wahrzunehmen. Ich erkannte, dass die Natur nicht nur außerhalb, sondern Teil der Hütte war. Das ganze kleine Gebäude war nur aus Naturmaterialien gebaut, aus Lehm, der unverputzt gelassen wurde und aus unregelmäßigen, nicht abgeschliffenen Pfosten. Natürliche Materialien, die sich wie die Natur draußen verändern, nachdunkeln und auch kaputt gehen können. Alles ist vergänglich.

Unser Teemeister schöpfte leise und elegant das heiße Wasser in eine Schale und schlug das grüne Teepulver auf. Irgendwo zwischen dem Eintreten in das Teehaus (das Bücken hatte mir noch gar nicht gefallen) und dem Moment, als ich das Geräusch des erhitzenden Wassers wahrnahm, war mein Ärger schwächer geworden. Als ich an der Reihe war, trank ich in drei Schlucken den starken grünen Tee.

Dann lernte ich etwas fürs Leben. Denn jetzt wurde das Schweigen gebrochen. *Eine* Regel gab es jedoch, die die Anwesenden beachten mussten. Es durfte nur über Dinge gesprochen werden, die jetzt in jenem Raum vorhanden waren oder sich jetzt ereigneten. Meine Nachbarin etwa betrachtete die Teeschale von allen Seiten und bewunderte die Zeichnung des Tons, die sich aus dem Schwung der Töpferscheibe und dem Brennen ergeben hatte. Ein anderer Gast betrachtete die Hängerolle, die mit roten Ahornblättern speziell für den Monat Oktober ausgewählt worden war. Er las das Herbstgedicht darauf vor, und die anderen Gäste lobten die Wortwahl und die Feinsinnigkeit des Dichters. Diese Art des Sprechens hat etwas außerordentlich Friedvolles.

Alle vier Aspekte der Teezeremonie sind in diesem Sprechen vorhanden: Klarheit, Respekt, Harmonie und Stille. Man spricht überlegt und nur über etwas, was alle anderen in diesem Raum ebenfalls sehen und hören können. Das heißt: Alle Angelegenheiten außerhalb des Hier und Jetzt haben hier keinen Platz. Die Gespräche gehen nicht in Geplapper und Geschwätz über. Jedes Wort hat Gewicht und wird beachtet. Niemand unterbricht den anderen, denn es geht darum, in diesem Moment vollkommen präsent zu sein, da muss man einander nicht übertrumpfen. Es gibt auch kein dringliches Gesprächsthema. Die Gespräche haben eine ganz andere Prägung, denn weder Vergangenheit noch Zukunft sind Gegenstand des Redens. Es ist ein Jetzt-Gespräch.

Die Teezeremonie ist ein Zwischenraum in der Gegenwart. Das Gefühl für Zeit ist nicht von zukünftigen Ereignissen und Terminen bestimmt. Alles, was sich ereignet, atmet im Einklang mit der Natur, jetzt. Der Teemeister hatte sich viel Mühe gemacht, ein Blumenarrangement zu stecken, das – passend zu diesem Tag – die Anmutung des Herbsttages steigerte. Er hatte eine der Jahreszeit angemessene Hängerolle ausgewählt. Zum Tee reichte er kleine Biskuits: außen wie Ahornblätter geformt und innen mit einer Maroni-Füllung versehen. Ein Schmaus für Augen und Gaumen. Jedes Detail in dieser Stunde war ein Kunstwerk für sich. Die Gäste bewunderten die Grünschattierung des Tees, die Süßigkeiten und drückten damit ihre Hochachtung vor der Kunst des Teemeisters aus.

Zu Beginn der Teezeremonie war ich noch ganz in der vergangenen, für mich beleidigenden Situation gewesen. Da war ich noch Wut, Dampf und Geifer. Nach dieser einen Stunde aber war mein Zorn wie durch ein Wunder verflogen. Ich konnte mich schließlich in die harmonische Szene einfügen und ihre Feinsinnigkeit und Stille genießen. Die Teezeremonie hatte sich wie ein sanfter Keil zwischen meine hochbrausenden Gefühle und den empfundenen Moment geschoben. So wurde sie zu einer Szenerie des Zwischenraums. An der niedrigen Eingangstür streife ich alle Sorgen und Probleme ab. Alles, was mich belastete, konnte ich draußen lassen. Es ist ein ritualisierter Zwischenraum, eine Nicht-Zeit, in der Vergangenheit und Zukunft aufgehoben sind. Die Teezeremonie hatte mir das Geheimnis des Jetzt offenbart.

Anfangs hatte ich noch die trotzige, zornige Ich-bin-so-arm-Brille auf. Durch die Stunde im Jetzt konnte ich die Brille ablegen und zu dem, was wirklich da war, zurückkehren, weg von meinen Interpretationen und den daraus resultierenden Gefühlen. Dadurch hatte sich ein Zwischenraum geöffnet.

Seit dem Erlebnis habe ich diese Praxis häufig kultiviert.

Es ist eine beglückende Erfahrung, mit jemandem zu sprechen und dabei in der Gegenwart zu bleiben. Ich nenne es Jetzt-Gespräch.

Übung: Jetzt-Gespräch

Schlagen Sie einem Freund vor, eine Viertelstunde lang ein Jetzt-Gespräch zu führen. Welche Orte eignen sich dafür? Im Prinzip alle Orte, jedoch besonders jene, wo Sie etwas erleben können: In der Natur oder beim Besuch einer Ausstellung, während der Pause eines Konzerts oder auf der Terrasse einer Berghütte, niemand unterbricht den anderen bei einem Jetzt-Gespräch.

Die Regel – so wie im Teehaus – ist: Reden Sie nur über das, was gerade da ist. Das, was Sie sehen und was Sie beim Sehen empfinden. Das, was Sie hören. Sie sehen etwa den Sonnenuntergang und betrachten gemeinsam die Schattierungen vom Blaulila des Himmels zum Orangerot der Sonne. Sie lassen sich nicht verleiten, über den Sonnenuntergang vor einem Jahr zu sprechen. Sie bleiben im Jetzt. Es ist nicht einfach, aber meist eine harmonische Erfahrung. Plötzlich tun sich Pausen auf. Sie sind jedoch nicht peinlich, denn das Gespräch ist im Jetzt, es prescht nicht vor, es hat ein friedliches Hin- und Herschwingen.

Der Raum hinter den Gedanken

Während der Zen-Meditation lernen wir, mit dem Atem zu sitzen – so lange zu sitzen, bis wir begreifen, dass das Tun einfach ist, dass es einfach ist, da zu sein.

So mancher, der mit Zen-Meditation anfängt, meint, er müsse sich bemühen, möglichst nicht zu denken. Erst gestern sagte eine Frau zu mir: »Mir gelingt das Nicht-Denken einfach nicht.« Sie meinte, sie müsse mit ihrem ganzen Willen versuchen, nicht zu denken. Das kann nicht funktionieren. Womit denken wir das Nicht-Denken? Eben, wieder mit Denken.

Wenn Sie anfangen zu meditieren, dann hören Sie mit hoher Wahrscheinlichkeit folgenden Satz: »Stellen Sie sich den blauen Himmel vor. Auf diesem blauen Himmel ziehen Wolken. Wie diese Wolken sind Ihre Gedanken. Sie nehmen die Wolken wahr und lassen sie einfach weiterziehen. Genauso nehmen Sie Ihre Gedanken wahr und lassen sie los.«

Manchmal ist es eine ganze Gedanken-Wolkenkette, die den blauen Himmel verdunkelt. Gerade wenn Sie still werden und keine unmittelbare Aufgabe haben, sind die Gedanken besonders stark. Da kann es sein, dass der blaue Himmel gar nicht mehr erscheint. Redefetzen vom letzten Meeting, Gedanken an mögliche Konflikte zu Hause und die ständig lange To-do-Liste bauen eine finstere Wolkenbank auf. Dann ist oft minutenlang kein Blau am Himmel zu sehen.

Da kann Nicht-Denken nur das hinterste Glied auf der Liste sein und kommt sicherlich nicht mehr dran. Dann geht es nur noch darum wahrzunehmen, was da im Kopf passiert. Irgendwann lichtet sich die Wolkendecke, und es öffnet sich ein kleiner Zwischenraum. In diesem Zwischenraum blitzt der Gedanke auf: »Holla, ich bin ja hier, um zu meditieren, um meinem Atem zu folgen.« Dieser Moment ist der erste Schritt zur Befreiung aus dem unwillkürlichen Gedankenstrom, dem wir im Alltag ausgeliefert sind. In diesem Spalt kehrt Bewusstheit ein. Wenn wir uns bewusst werden, wie die Gedanken in uns einfach Besitz von uns nehmen, ohne dass wir es planen, können wir einen bewussten Akt setzen und uns da herausnehmen. Je öfter wir das machen, desto lichter wird der Himmel.

Wir bemühen uns nicht, nichts zu denken, sondern wir lassen die Gedanken weiterziehen. Wir verzichten darauf, vorhandene Gedanken unnötig weiterzuspinnen. Wir lassen die Gedanken aus, die sich um die Zukunft und Vergangenheit drehen. Als Folge öffnet sich ein Raum in der Jetzt-Zeit, der mit regelmäßiger Übung immer länger werden kann. In diesem Raum der inneren Stille sind wir einfach da.

Das »Einfach-da-Sein« entwickelt sich nicht nur bei der sitzenden Meditation, sondern auch im Tun, zum Beispiel in der »kleinen« Teezeremonie in unserem Zen-Zentrum.

»Sarei« hallt es durch den Zen-Raum: »Teezeremonie«. Angela schlägt mit der Hand zweimal auf den Boden, Peter antwortet mit einem Glockenton. Alle verbeugen sich. Jetzt beginnt in vollkommener Stille eine Abfolge von Gesten: Umdrehen, von hinten die Teeschale mit beiden Händen hervorholen, sie vorne hinstellen. Jede kleine Bewegung, die Peter am Kopf der Reihe beginnt, setzt sich in einer Welle fort. Vollkommen lautlos. Nun steht Angela als Teegeberin auf, verbeugt sich mit der Teekanne und schenkt am Teetisch in der Mitte jemandem Tee ein, der nicht da ist. Wem schenkt sie ein? Das ist die Frage, die sie sich in diesem Moment stellt.

In der kleinen Zen-Teezeremonie manifestieren sich vier Aspekte: Klarheit, Respekt, Harmonie und Stille.

Klarheit

Klarheit entsteht, indem man Dinge weglässt. Deshalb sind Zen-Räume schlicht. Nichts Überflüssiges ist im Raum. Nur schmucklose Wände, schwarze Matten und Sitzkissen. Alles ist auf das Wesentliche reduziert. Das Wesentliche ist das, was gerade in diesem Moment geschieht. Die Bewegungen der Teegeberin sind hochkonzentriert, elegant und dynamisch, abgeschliffen durch hunderte Male wiederholter Übung. Kein Funken Zerstreutheit, Zögern oder Pose stört die Abläufe. Je klarer und konzentrierter ich in mir selbst bin, desto klarer mein Ausdruck nach außen.

Respekt

Respekt hat für mich etwas mit Rückschau im lateinischen Sinn zu tun. Ich schaue zurück und sehe eine Perlenkette von tausenden Menschen, die die gleichen Bewegungsabfolgen vor mir gemacht haben. Sie haben diesen Weg gewählt, um Zen sichtbar zu machen. Viele Menschen, Meister, Mönche und Nonnen, haben an dieser Form gearbeitet und die Jüngeren darin geschult. Ich bin eine Perle in dieser unendlichen Reihe, die Perlen nach mir werden diesen Zen-Geist weitertragen und weiter verfeinern. Vor dieser Tradition verbeuge ich mich. RE-SPEKT bedeutet für mich aber auch »noch einmal sehen«, das heißt, die Tradition der Teezeremonie jeden Moment frisch zu sehen und Moment für Moment neu zu erschaffen.

Harmonie

Wenn wir in der Welt der Worte sind, Standpunkte einnehmen und Positionen verteidigen, erleben wir keine Harmonie. Setzen wir uns jedoch auf die Matte, konzentrieren uns auf den Atem und lassen Gedanken und Worte auf den Grund sinken, dann verliert sich die Bedeutung der Meinungen. Wir dienen dem Moment und nur dem, was da ist. So entsteht eine Harmonie der Menschen, die sich auch in den abgestimmten Bewegungen widerspiegelt. Am Ende einer Übungswoche nehmen wir, ohne zu schauen, wahr, wenn die Nachbarin die Schale hebt, und wir wissen: Jetzt bin ich an der Reihe, die Hände nach der Teetasse auszustrecken.

Stille

Durch Klarheit, Respekt und Harmonie öffnet sich ein Raum der Stille, innen und außen. Die innere Ruhe und äußere Präsenz, die Klarheit der Bewegungen, die Harmonie mit den anderen und der Respekt vor der Tradition finden in der Stille ihre Heimat. Der berühmte japanische Tee- und Zen-Meister Sen no Rikyu (16. Jh.) drückte es so aus: »*Mit der Wahrnehmung der Stille wird der Tee-Weg existent.*«

Teegeben ist für mich Nichtstun in der Bewegung. Ich füge dem Teegeben nichts hinzu. Keine Gedanken, keinen besonderen Gestus. Ich gehe kraftvoll und geräuschlos in einem dynamischen Rhythmus und diene dem Ablauf. Wie es im Auge des Taifuns still ist, so ist es auch – idealerweise – in mir still, wenn ich mich mit der Teekanne durch den Raum bewege. Ich gehe die Matten entlang, und jemand hebt die Teeschale. Zwischen uns öffnet sich ein Raum (*ma*), ich schenke ein und gehe weiter.

Es ist nichts Besonderes, und es ist doch nicht einfach. Die Leere im Tun würde ich es nennen, wie in der folgenden Definition von Zen-Meister Sekkei Harada: »Im Buddhismus gebrauchen wir die Ausdrücke ›Leerheit‹ (*ku*) und ›Nichtheit‹ (*mu*). Wenn ich von Zwischenzeit spreche, dann meine ich nicht, dass das ein Zustand ist, wo nichts ist oder der vollkommen leer ist. Es ist eher der Zustand, wo alle vollkommen da sind, wo alles ist, wie es sein sollte. Es ist ein Zustand, in dem nichts anderes eine Rolle spielt, wo alle Dinge harmonisch zusammenspielen. Das ist es, was wir im Buddhismus Leerheit nennen.«[67]

Es ist ein Einsseins mit dem Tun, und das Tun ist nicht mehr und nicht weniger als das, was es ist. So wie die Natur einfach *ist*, ohne zu bewerten, ohne etwas zu wollen. Im Japanischen heißt die Natur *shizen*. Es bedeutet so viel wie »so sein, wie es von sich selbst her ist«.

In diesem Zusammenhang der Tee-Übung ist die Aussage des japanischen Religionsphilosophen Yuasa Yasuo interessant. Er meint, der Körper sei nicht Materie, sondern er ist in der Mitte zwischen innen und außen, zwischen Geist und Materie. Und er verbindet Geist und Materie.[68]

In der Zen-Übung des Teegebens kann ich das nachvollziehen. Ohne Körper ist keine Übung möglich. Je mehr unser Körper und Geist im Tun übereinstimmen, desto gelungener die Übung. Dies trifft auf alle Zen-Übungen zu.

Einswerden mit dem Tuschepinsel

Kalligrafie-Malen ist ebenso eine Zen-Übung, in der es um Atem, Leere und Übereinstimmung von Körper und Geist geht.

Der Zen-Kreis, Enso, steht selbst für die Leere und wird oft als Symbol für Zen verwendet. Meistens ist es ein sehr dynamisch mit einem dicken Pinsel gemalter Kreis. Manchmal ist er ein runder Kreis, manchmal auch scheinbar unvollständig mit einer Öffnung.

Über dieses Symbol der Erleuchtung, der Ganzheit und des Universums ist schon einiges geschrieben worden. Es ist sicherlich ein Genuss, die Ensos verschiedener Meister zu betrachten.[69] Doch begreifen, worum es hierbei wirklich geht, das kann ich nur, indem ich es ausprobiere.

Im Zen geht es nur um Erfahrung, wie schon Bodhidharma im 5. Jahrhundert schrieb. Zen ist:

* eine spezielle Übertragung außerhalb der Schriften
* unabhängig von Worten und Schriften

- unmittelbar auf das Herz des Menschen gerichtet
- lässt den Menschen in seine eigene Natur schauen

Das Enso-Malen hat mich stets sehr gereizt. Ich hatte schon ein wenig Kalligrafie-Erfahrung, denn beim Sesshin hatte es ein Zen-Meister als Übung eingebaut. Er nahm einen Satz oder ein Wort, und das sollten wir nachmalen. Ich hatte gedacht, mir würde es leichter als anderen fallen, da ich ja seit vielen Jahren Japanisch lese und mit diesen Zeichen vertraut bin. Mitnichten. Mein Gekrakel erinnerte mehr an windschiefe Figuren auf Krücken als an ausgewogene Schriftzeichen. Beim Schreiben ließen mich auch nicht die Gedanken an die Bedeutung der Schriftzeichen los. Es war eine komplizierte Sache. Deshalb dachte ich, müsse ein Kreis ohne Bedeutung einfacher zu malen sein. Da würde sich mir der Vorgang des Malens in purer Form enthüllen.

So bat ich eine erfahrene Kalligrafin, uns in unserem Zentrum in die Kunst des Enso-Malens einzuführen. Erika kam mit einem großen Koffer voll mit Pinseln, Tusche und vor allem mit einem dicken Packen großformatigen Zeitungspapiers. Sie breitete die Zeitung auf einer Unterlage aus und rührte die Tusche in einer großen flachen und eckigen Schale mit Vertiefung an. Wir Teilnehmer saßen links und rechts und beobachteten ihre Bewegungen. Erika erklärte, dass es darum ginge, das Ki des Universums, das Ki des Pinsels und das eigene Ki in Übereinstimmung zu bringen. Das kann nur gelingen, wenn uns keine Gedanken und Gefühle im Malen beeinflussen.

Kalligrafie-Meister üben täglich und beginnen nach etwa zehn bis zwanzig Jahren fortwährender Übung, Einsicht zu gewinnen, worum es dabei geht. Die Übereinstimmung mit dem Universum und dem Pinsel und mir würde nur als Hauch einer Ahnung zu erfahren sein. Diese Gedanken gingen mir bei den Vorbereitungen durch den Kopf. Doch jetzt sollte die Erfahrung folgen.

Zu Beginn verbeuge ich mich vor dem Kalligrafie-Platz. Ich spüre, wie mich das in eine gesammelte Stimmung bringt. Zuerst verbeuge ich mich im Stehen und dann noch einmal im Sitzen. Nun tauche ich den fast armstarken großen Pinsel in die Tusche. Er ist schwer zu halten, weil er so groß ist. Die Bewegungen sollen sparsam sein und konzentriert. Ich hebe den Pinsel etwas an und lasse die Tusche heraustropfen. Jetzt kommt die Ausgangsposition. Ich hebe den Pinsel auf Kopfhöhe, sodass die Spitze in den Raum zeigt. Jetzt gilt es, eins zu werden mit dem Pinsel. Zu viele Dinge sind in meinem Kopf, dass das tatsächlich gelingen könnte. Ich versuche es dennoch und setze den Pinsel auf das Zeitungspapier und male langsam während des Ausatmens den Kreis. Dabei soll der Pinsel fest mit dem Handgelenk verbunden sein und der ganze Körper im Ausatmen die Bewegung mitmachen.

Jetzt kommt das Wesentliche. Gewöhnlich legt man die Zeichnung zum Trocknen irgendwohin und vergleicht dann alle Kreise, die man gemalt hat. Die anderen stimmen ein und zeigen auf ihr Lieblingsstück: »Dieser Kreis ist dir wirklich gut gelungen«, oder: »Da warst du wohl noch etwas unkonzentriert«, oder: »Deine Kreise sind immer besser geworden.« Das entspräche unseren Erwartungen.

Nein, da ist es anders. Warum wird Zeitungspapier verwendet? Nicht nur weil es die Tusche gut aufsaugt, sondern weil es ein Wegwerfprodukt ist. Es geht nicht um den Kreis, den man gemalt hat, sondern es geht um den Prozess des Malens. Deshalb ist das Üben so wichtig. Der Kreis ist ein Ausdruck des Moments, in dem man den Kreis gemalt hat. Er ist die Bestandsaufnahme, wo ich selber stehe. Sobald er gemalt ist, ist er bereits Vergangenheit.

Mit Bedauern sehe ich, wie meine Nachbarn das Zeitungspapier mit meinem Kreis zusammenfalten und weglegen. Meine Zeit (zu malen) ist zu Ende. Ich verbeuge mich und gehe an meinen Platz. Die Enso-Lehrerin Erika sagt mit keinem Wort, was ich hätte verbessern können. Die nächste Teilnehmerin verbeugt sich. Ich merke, dass sie das Handgelenk nicht fixiert hat und nicht mit dem Körper mitgeht. Erika sieht das auch. Doch sie sagt nichts. Keine Beurteilung. Weder Lob noch Tadel, keinerlei Verbesserungsvorschläge.

Können Sie sich vorstellen, in einen Malkurs zu gehen, in dem die Lehrerin nichts über Ihr Bild sagt? Sie sagt nicht: »Du könntest an der Perspektive arbeiten«, oder: »Rücke doch das Stillleben ein bisschen nach rechts.« Sondern sie sitzt dabei, nickt mit dem Kopf und wartet, dass Sie den nächsten Versuch machen. Hätten Sie dabei nicht das Gefühl, Sie hätten die Kursgebühr umsonst entrichtet?

Der Kalligraf und Zen-Meister Kazuaki Tanahashi beschreibt den Unterschied in seinem Buch »Brush Mind«. Wenn jemand etwa ein Bild von Dürer kopieren möchte, dann geht er mit seiner Staffelei in ein Museum und versucht, alles genauso zu zeichnen, wie Dürer es gezeichnet hat. Er achtet dabei auf die Komposition, auf die Formen und Farben, auf Licht und Schatten. Wenn das Ergebnis mit dem Original gut übereinstimmt, dann sehen wir es als gelungen an. In der asiatischen Kunst ist es anders. »Wenn jemand eine japanische Tuschezeichnung kopieren will, dann versucht er, den Prozess nachzuahmen: die Haltung, die Art, wie man den Pinsel hält, die Reihenfolge der Striche, wie groß der Druck des Pinsels auf dem Papier ist, die Bewegung in der Luft, das Atmen, das Fühlen, das Denken.«[70]

Ich weiß schon seit vielen Jahren, dass das Lernen in Asien anders abläuft. Auf einer abstrakten Ebene ist es leicht, diese Feststellung zu machen. Doch hier war ich in der schwierigen Situation der Lernenden.

Da male ich einen Kreis und wieder einen Kreis. Wenn die Lehrerin nichts sagt, könnte ich mir selbst überlegen, was gut an meinen Kreisen ist und was nicht. Immerhin eine Art von Selbstbestimmung, denke ich kurz. Doch kaum überlege ich, wird das Zeitungspapier weggeklappt. So bleibt nur noch malen, üben, malen, üben. Mit dem Atem eins werden, den Pinsel in diese Einheit hineinnehmen und sich in die Bewegung des Malens fallen lassen. Nach und nach spüre ich den Rhythmus, anfangs etwas ungelenk und unterbrochen durch Gedanken oder den stockenden Atem, später etwas mehr im Fluss.

Der Kreis bekommt dadurch neue Bedeutung. Die Leere ist nicht mehr draußen im Kreis, den ich male, sie manifestiert sich in der Bewegung des Malens. Der Kreis besteht nicht nur im Tuschestrich und in der leeren Fläche innerhalb des Kreises, sondern manifestiert sich hier im Raum. Er übersteigt die Zweiheit und damit die Trennung.

So entsteht im Prozess des Übens eine neue Qualität, in der alles zusammenwirkt. Mein Impuls, der Körper, der ihn ausführt, die Menschen, die um mich sind, und das Üben werden eins. Es gibt kein Resultat und kein Ende. Die Übung selbst ist es, die in ihrer endlosen Wiederholung der Inhalt wird. Meine Gedanken treten zurück, und es tut sich ein Raum auf, in der die Leere spricht.

7
Vollgeräumt:
den Zwischenraum
zurückerobern

Vor einigen Jahren suchte ich einen Ort für ein Zen-Seminar. Im Internet wurde ich schnell fündig: ein Seminarhaus mit zwei großen, lichtdurchfluteten Veranstaltungsräumen. Da es am Ortsende und in einem großen Park gelegen war, freute ich mich über den idealen Ort mitten in der Natur. Wahrscheinlich, dachte ich mir, war es dort sehr still. Glücklicherweise buchte ich nicht gleich, sondern vereinbarte einen Besichtigungstermin und machte mich auf den Weg.

Als ich nach 70 Kilometern hinkam, sah es tatsächlich so aus wie auf den Fotos. Ein hübsches Anwesen in einem romantischen Park mit dicht bewachsenen Rückzugsoasen weit abseits von Verkehr und Menschen. Beschwingt trat ich in das Haus ein – und erlebte einen Schock. Das ganze Haus war vollgestellt mit Möbeln und kitschigen Deko-Objekten. Die Flure, die Vorzimmer, die Aufenthaltsräume waren vollgepfercht mit Empiresesseln, zerschlissenen Sofas und Biedermeiertischen. Da und dort konnte ich gar nicht hindurchgehen, sondern musste mich seitlich vorbeischlängeln: ein Haus ohne jede Zwischenräume.

Die Besitzerin erklärte mir, sie hätte den Haushalt ihrer Eltern auflösen müssen und hebe nun die Möbel für ihre Kinder auf. »Es ist ja schade darum«, meinte sie. »Wenn meine Kinder mal ausziehen und einen eigenen Haushalt gründen, dann können sie die Einrichtung brauchen.« Ich griff mir – innerlich – an den Kopf. Junge Menschen sitzen in ihrem neuen Zuhause meist lieber auf zusammengenagelten Paletten als auf den Stühlen und Sofas der Großeltern. Andererseits verstand ich sie. Es ist schwer, sich von Dingen aus der Jugend zu trennen.

Ich buchte schließlich das Seminarhaus nicht, ich wollte ja nicht ersticken. Gerade für ein Zen-Seminar, in dem es um Klarheit, Weglassen und innere Stille geht, war dieses Haus absolut unpassend. Das zeigte mir, wie sehr Räume auf uns wirken.

Orte zum Atmen

Es gibt Orte, an denen das Herz weit wird, und es gibt Orte, da meint man zu ersticken. Manchmal sind es Häuser, Wohnungen, dann sind es auch Landschaften oder Städte.

Als ich vor einigen Jahren einen Freund in Tirol nahe Innsbruck besuchte, wollte ich am Nachmittag noch in die Natur hinaus, um meinen Kopf freizukriegen. Sein Haus lag nahe dem Inn. Dort war es zwar flach, aber parallel zum Fluss laufen Autobahn und Bahn, daher entschied ich mich, auf den nächsten Berg hinaufzusteigen. Es war schön, im Wald bergan zu steigen, aber recht beschwerlich. Auf halbem Weg kehrte ich um. Als ich von meinem Ausflug zurückkam, fragte mich mein Freund, wo ich gewesen sei, und sagte dann: »Diesen Berg laufe ich jeden Tag hinauf.« Er sah mein Gesicht, auf dem geschrieben stand: »Das wäre mir aber viel zu anstrengend«, und setzte hinzu: »Wir Tiroler, wir brauchen das. Wenn man so wie wir immer im engen dunklen Tal wohnt, dann geht man halt auf den Berg, um durchatmen zu können und die Weite zu spüren!«

148

Auf dem Berg gibt es viel Atem und viel Wind, den Atem der Natur. Viele Menschen steigen auf Berge, um dem Himmel näher zu sein und diese Weite zu spüren. Mitunter flüchten sie aus bedrückenden Situationen, vor Problemen im Beruf oder Schwierigkeiten in der Partnerschaft, oder eben auch aus dem sonnenkargen, beengenden Tal.

Andere zieht es im Urlaub an das Meer und in ferne Länder, weil sie viele tausende Kilometer Puffer zwischen sich und ihrer Situation zu Hause brauchen. Wer häufig Reisende berät, kann den Eindruck sicher bestätigen, dass heute viele umso weiter weg fahren, je größer ihre Probleme sind.

Ein Urlaub an fernen Stränden mag uns wenige Ferienwochen lang unseren freien Atem zurückgeben, doch irgendwann kehren wir zurück in unser Leben, zurück in unsere Umgebung. Schließlich sollten wir auch zu Hause und im Büro Tag für Tag durchatmen können.

Alle diese Beispiele zeigen, dass es Orte gibt, an denen wir frei atmen, freudig Luft holen können, an denen wir uns leicht und unbelastet fühlen. Andere wieder beengen uns, und oft wissen wir gar nicht warum.

Der leere Raum

Räume wirken mehr auf uns, als uns bewusst ist. Mein Leben lang war ich auf der Suche nach Platz zum Atmen. Vollgestellte Räume finde ich beklemmend, und trotzdem habe ich noch immer viel zu viel herumstehen! Je älter wir werden, desto mehr haben wir schon einmal gekauft oder wurde uns geschenkt. Je steifer die Knochen, desto vollgeräumter die Zimmer, so scheint es mir manchmal. Die Wohnungen alter Menschen muten dann wie Museen aus den 60er-Jahren oder 70er-Jahren des vorigen Jahrhunderts an. Ich verstehe sie von Jahr zu Jahr besser. Denn es ist schwierig, sich von Dingen zu trennen.

Wie kann man das Zustellen von Räumen vermeiden? Diese Frage ist nicht leicht zu beantworten. Denn man muss auch die Bedürfnisse des Partners und der restlichen Familie, der Kinder und Großeltern in Betracht ziehen. Der Lieblingssessel der Oma und der Riesentisch, den dein Mann unbedingt braucht, um alle Bücher und Aktenordner ablegen zu können, plus die Couch und Sitzgelegenheiten, die Gäste erwarten, wenn sie zu Besuch kommen. Schreibtische, Betten, Abstelltische, Schränke und Kommoden, alle diese Dinge behaupten ihren Platz. Je mehr Dinge jedoch herumstehen, desto unfreier bewegen wir uns zwischen ihnen.

Denken wir an den Vers im Tao Te King zurück: »Indem das Zimmer leer ist, ist es als Zimmer zu gebrauchen. Der Sinn von allem, was vorhanden, kommt nur von dem, was nicht vorhanden.«

In Japan wurde mir das deutlich vor Augen geführt. Mein dortiges Zimmer war winzig klein und - leer. Zu Beginn dachte ich: »Wie soll ich nur in einem zehn Quadratmeter großen Raum ohne Möbel leben?« Doch ich lernte schnell und bemerkte, dass diese Art zu wohnen sehr praktisch ist. Zum Schlafen holte ich die faltbare Matratze aus dem Schrank, für das Essen klappte ich einen kleinen Tisch auf. So diente der leere Raum - *das, was nicht ist* - dem Gebrauch. Ich lernte den leeren Raum zu lieben. Diese Weite, dieses Potenzial an Möglichkeiten!

In japanischen Räumen treffen wir wieder auf das Wort *ma*. Hier bedeutet es das Maß einer Reisstrohmatte, und diese ist so groß wie ein großer Mensch, etwa 170 bis 180 Zentimeter lang. Je nach Region können die Maße variieren. Die Größe japanischer Räume wird nicht in Quadratmetern gemessen, sondern daran, wie viele Reisstrohmatten in einem Zimmer Platz haben, das heißt, wie viele Menschen theoretisch in diesem Zimmer schlafen können. Ein »normal«-großes Zimmer in einem japanischen Haus ist ein Sechs-*ma*-Zimmer. Der Mensch ist also das Maß. Es ist etwas grundsätzlich anderes, einen Raum mit Sechs-Matten-Raum zu bezeichnen als einen Raum, der drei mal vier Quadratmeter hat. Spreche ich von einem Sechs-*ma*-Zimmer, habe ich immer einen leeren Raum vor Augen. Zwischenraum und Raum fallen hier zusammen.

Dieser leere Raum ist kein Raum, den man mit dem Maßband abstecken kann und der auf immer und ewig die gleichen Maße haben wird. Diese Räume sind auch leicht erweiterbar, indem man einfach einige Schiebetüren herausnimmt.

Als ich in einem Tempel in Japan eine buddhistische Gruppe studierte, war ich fasziniert von der Veränderlichkeit des Raumes. Die Menschen dort lebten in Bauernhäusern und brauchten ursprünglich keinen Tempel und keine Gemeindehalle, um sich zu versammeln. Sondern sie nahmen einfach die Schiebetüren zwischen den Räumen heraus und hatten einen großen Versammlungsraum, wo viele Menschen hineinpassten. So konnte sich eine von Hierarchien unabhängige religiöse Bewegung bilden, da sie sich in ihren privaten Räumen treffen und organisieren konnten.

Ma ist eine Raum- oder Zeiteinheit, die »ausfransen« kann in andere Räume und Zeiteinheiten. Gerade das Unbestimmte ist der Reiz, ebenso das Flexible und die Tatsache, dass dieser Raum und diese Zeit menschengemacht und eine natürliche Einheit sind. So wie immer in der Natur gibt es Grauzonen und Übergänge, und das ist auch in *ma* enthalten.

Dinge senden Botschaften

Vor einiger Zeit hatte ich ein Déjà-vu-Erlebnis, das mich an das Gefühl in meiner leeren japanischen Wohnung erinnerte.

Mein Mann und ich haben eine kleine Wohnung in den Bergen gekauft. Wir wandern gerne, der Wald ist gleich vor der Haustüre, und die Höhenluft tut uns beiden gut. Es war wie ein Neuanfang. Die Wohnung war zwar möbliert, wir haben aber alle Bilder abgehängt. In der Küche wurde von unseren Vorbesitzern nicht viel gekocht, doch waren Töpfe, eine Pfanne und die nötigsten Dinge vorhanden. Ich genoss die Leere in dieser Wohnung: keine Bücher, keine herumstehenden Dinge. Ich fühlte mich sehr frei, da kein überflüssiges Ding meine Aufmerksamkeit beanspruchte. Wenn ich hinkam, gab es nichts zu tun – ein wunderbares Gefühl.

Anfangs achtete ich noch sehr darauf, die Leere der Wohnung zu erhalten. Wenn ich mir ein Buch von zu Hause mitnahm zum Lesen am Wochenende, dann brachte ich das gelesene Buch wieder zurück in meine Wiener Bibliothek.

Doch wenige Wochen später fing es wieder an mit dem »Zustellen«: In Wien haben wir keine Zeit, uns diese Dokumentation auf DVD anzusehen? Dann nehmen wir sie doch mit – in den Bergen haben wir genügend Zeit dazu! Mitnichten, sobald der Stoß DVDs dort liegt, habe ich meine undefinierte Zwischenzeit und den Zwischenraum verloren. Ich sehe den Stoß und denke mir: »Ach ja, das wollte ich mir ja auch noch anschauen!« Und schon bin ich im »Zu-Erledigen«-Modus drinnen und habe die unendliche Weite unschuldiger Stunden, an denen das Schönste ist, dass sie unbesetzt sind, verloren.

Dinge, die daliegen, enthalten eine Aufforderung. Sie sagen: »Räum mich weg!« oder »Repariere mich!« oder »Lese mich!«. Ignorieren wir diese Aufforderungen, dann schieben wir die Dinge in eine Warteschleife, in der sie uns immer wieder begegnen, bis sie in unserer Beachtung irgendwann tot sind. Und dafür brauchen wir dann viel Platz, um die toten Dinge aufzubewahren.

Menschen in kleinen Wohnungen haben es da schwer. Oder, wie man es betrachtet, auch leicht, sie müssen sich früher entscheiden, ob sie Dinge weggeben oder behalten.

Möglicherweise ist deshalb unter jungen Japanern Minimalismus modern. In traditionellen japanischen Häusern war alles, was nicht gebraucht wurde, verborgen und in doppelten Wänden, Schränken, Lagern verstaut worden. Leere Räume waren normal.

Inzwischen, das erfährt jeder Japanreisende, haben sich viele japanische Wohnungen aufgrund des beengten Platzes zu Abstellräumen entwickelt. Manche jungen Leute stapeln in ihrem einzigen kleinen Raum Computer, Lautsprecherboxen, Bücherregale, Surfbrett, Fahrrad und Snowboard übereinander. Von Leere keine Spur mehr.

Manche junge Japaner suchen nun den Weg zu den Wurzeln ästhetischer Reduktion und haben alles weggegeben, um ihre Wohnungen wieder leer zu machen. Sie lesen Bücher nur noch digital, verwenden nur einen einzigen Topf und eine Herdplatte zum Kochen und leihen sich alles, was sie brauchen, aus. Auch im Kleiderstil beschränken sie sich auf einige wenige Stücke. Eine junge Japanerin begründete ihren radikal reduzierten Kleiderbestand so: »Wenn du etwas besitzt, hast du auch die Verantwortung dafür. Daher ist es wichtig, die Dinge, die du besitzen willst, sorgfältig auszuwählen. Dann hast du Kapazitäten für die Dinge, die dir wirklich wichtig sind.« Ein anderer junger Japaner lebt in seiner 22-Quadratmeter-Wohnung mit nur einem Tisch und einer Matratze. Er sagt: »Ich wurde Minimalist, damit ich nur noch Dinge besitze, die ich liebe.«

Sie schaffen leeren Raum und wertschätzen jene Dinge, die sie haben. Und sie denken noch weiter – sie wollen nur jene Dinge besitzen, die sie auch wertschätzen.

Damit Dinge lebendig bleiben

Besitze ich nur Dinge, die ich wertschätze und tatsächlich verwende? Das ist eine Frage, die ich mir Tag für Tag stelle. Wertschätzung bedeutet für mich, Dinge lebendig zu erhalten. Vielleicht bin ich von meinem japanischen Erbe beeinflusst, doch merke ich an mir selbst, dass es wichtig ist, sich um Dinge und Orte zu kümmern. Beispielsweise habe ich zu meinem Meditationsplatz eine besondere Beziehung. Dort verbringe ich jeden Tag einen Teil meiner Zeit, dort komme ich wahrhaft zur Ruhe. Deshalb säubere ich ihn selbst, schüttle das kleine Tischtuch aus, stelle frische Blumen hin, entferne alte Kerzen und Räucherstäbchenreste. Ich lege nur jene Dinge hin, die ich wirklich brauche, keine »toten«, übrig gebliebenen Dinge sollen stören. Ich bereite alles so vor, dass ich mich wieder gerne hinsetze. Indem ich das tue, halte ich den Platz lebendig.

Zen-Mönche machen das jeden Tag in ihrem Kloster. Jeden Tag werden die Böden feucht gewischt, jeden Tag der Kies im Garten gerecht, jeden Tag die Steinplatten im Garten frisch gesprengt.

Wir tun das in unserer Wohnung oder im Büro gewöhnlich nicht, denn wir haben auch noch anderes zu tun, und – wir haben viel zu viele Dinge, um für sie adäquat sorgen zu können. Ein paar Schuhe kann ich noch selber regelmäßig putzen. Zwanzig Paar Schuhe gehen über meine zeitlichen Kapazitäten hinaus. Einen Raum kann ich noch gut aufräumen, doch zehn Räume lebendig zu halten, ist für mich nicht mehr möglich. Deshalb frage ich mich immer wieder: Besitze ich wirklich nur Dinge, die ich wertschätze und verwende?

Wissenschaftlich gesehen hinterlasse ich meine DNA auf allen Gegenständen, die ich in die Hand nehme. Ein kleines Stückchen von mir ist dadurch auch auf meinem Schreibtisch, meiner Vase und meinem Werkzeug. Indem ich mich um diese Dinge sorge, wirkt die Wertschätzung für die Dinge wieder zurück auf mich selbst. Indem ich die Dinge achte, die um mich herum sind und die mir dienen, achte ich mich selbst.

So überlege ich – wie die jungen Japaner – immer wieder aufs Neue: Was ist für mich in den Räumen, in denen ich die meiste Zeit verbringe, wirklich wichtig? Kann ich sie lebendig halten? Kann ich in ihnen atmen?

Eine Schriftstellerin beschreibt ein ähnliches Gefühl der Lebendigkeit zwischen ihren Möbeln:

»Begonnen hat es vielleicht beim ersten Besuch des Vaters in der neuen Wohnung. Das ist viele Jahre her. Wie er damals am Esstisch saß und im Zimmer umherblickte, befremdet. ›Wie weit die Möbel auseinanderstehen. Es ist so leer in deinem Zimmer‹, sagte er damals. Ich folgte seinen Blicken. Erst jetzt wurde mir bewusst, was ich mit diesem Zimmer gewollt hatte: den leeren Raum zwischen Essplatz und Lehnsessel, zwischen Lehnsessel und Schreibtisch, und wie die Möbel über das Offene hin miteinander ins Gespräch treten würden, und die feinen Beziehungsgespinste, die so den Raum bildeten.«[71]

Der leere Raum gibt Rhythmus

Für die einen Menschen wie den beschriebenen Vater ist es seltsam, nur wenige Möbel im Zimmer zu haben, andere Menschen mögen das und horchen in die Zwischenräume hinein. Sie spüren, da ist etwas, da sprechen die Dinge miteinander, so, als ob sie lebendig wären und besondere Schwingungen zwischen ihnen bestünden. Feng-Shui-Berater sprechen vom Energiefluss in Räumen und haben so unser Bewusstsein für unsichtbare Beziehungen in Räumen geweckt. Die Leere gibt dem, *was ist*, den Möbeln und Gegenständen im Raum, erst Rhythmus und die Chance, ihre Wirkung zu entfalten. Der leere Raum macht einen Raum zum Gesamt-Raum und schafft jenseits der vielen Details eine Übersicht.

Europäische Räume sind meistens voll mit Möbeln, die bestimmte Tätigkeiten »besetzen«. Das Schlafzimmer ist mit der

Funktion Schlafen besetzt, der Esstisch mit Essen, das Büro mit seinem Schreibtisch für die alltägliche Arbeit. Falls es wenig Platz gibt, können manche Orte auch doppelt und dreifach besetzt sein. In meinen Wohnräumen sieht es nicht anders aus.

Und doch habe ich einen leeren Raum als Refugium, und das ist mein rot-blauer Teppich. Er liegt genau vor dem Bücherregal und vor einem großen Fenster. Auf einem Teppich kann man vieles machen. Zum Beispiel die Morgengymnastik. Jeden Morgen nach dem Frühstück mache ich dort Dehn- und Yogaübungen und Hanteltraining. Es sind fünfzehn Minuten, die ich mir für meinen Körper auf jeden Fall reserviere. Auch meine freie Zeit verbringe ich gerne dort. Am Wochenende gibt es nichts Schöneres, als so viel Zeit zu haben, dass mir richtig langweilig ist. Dann setze ich mich auf den Teppich, lasse meine Augen über die Buchrücken wandern und ziehe spontan ein Buch heraus und blättere darin. Wenn ich länger darin verweilen will, lege ich mich auf den Rücken mit einem kleinen Kissen unter dem Kopf und lese. Dabei lasse ich immer wieder den Blick beim Fenster hinausschweifen. Ich sehe die Wiese und wie die Sonne durch das Hellgrün meines Zwergahorns scheint. Oder ich höre auf dem Teppich liegend das Klarinettenkonzert von Mozart. Auf dem Teppich spüre ich die Lebendigkeit und die vielen Möglichkeiten des Zwischenraums.

Die Leere spielt auch in einem Zen-Zentrum eine Rolle. Dort befindet sich der Zwischenraum in der Mitte des Übungsraums. Links und rechts reihen sich Matten mit Sitzkissen aneinander. Niemand betritt diesen offenen Raum, alle gehen seitlich entlang der Matten. In der leeren Mitte sammelt sich die »Meditationsenergie« aller, die hier meditieren. Stünde in der Mitte eine Säule oder ein Tisch, würden sie den Raum zerschneiden. Aus der umrahmten leeren Mitte entstehen die Festigkeit und der Halt des ganzen Raumes.

Diese Anordnung sieht dem Schriftzeichen *ma* ähnlich. Rundherum sind die Matten und in der Mitte die Leere als Kraftfeld. Ich betrete den Raum und verbeuge mich vor dem Potenzial dieses Raumes.

Leere Räume wirken mit allem, was in ihnen ist. Der Zen-Raum, in welchem den Freiräumen bewusst »Raum gegeben« wird, bewirkt, dass wir frei atmen und unnötige Gedanken ziehen lassen können. In unseren Wohnungen rufen alle Gegenstände nach unserer Aufmerksamkeit. Stehen zu viele Möbel herum, beschneiden sie den Freiraum, den wir zum Atmen brauchen. Liegen zu viele Dinge auf ihren Tischen, spiegelt sich das in Ihrem Inneren wider. Schützen Sie daher Ihre Freiräume!

Leere Räume in der Öffentlichkeit schützen

Undefinierte »Zwischenräume« verschwinden nach und nach im öffentlichen Raum. Sie werden umgewidmet in funktionelle, definierte Räume.

Als ich Kind war, lag gegenüber unserem Wohnhaus eine sogenannte Gstettn, eine wilde Grünanlage. Wir Kinder liebten diese verwahrloste, von hohem Gras überwucherte Wiese und trafen uns jeden Nachmittag dort. Ein bisschen unheimlich war sie, da das Gerücht umherging, es lägen dort noch Fliegerbomben aus dem Zweiten Weltkrieg in der Erde. Doch spielen konnten wir hier wunderbar »Räuber und Gendarm« und »Wer hat Angst vorm schwarzen Mann«. Dort nahm meine erste heimliche Liebelei ihren Anfang, und dort konnten wir uns vor den Rufen der Eltern gut verstecken. An diesem Platz waren wir König, und niemand konnte uns diesen wilden Freiraum und Nährboden unserer Fantasie nehmen.

Vor kurzem kam ich zufällig an diesem Platz vorbei. Ich

erkannte ihn kaum wieder. Heute ist dort ein Parkplatz mit säuberlich gestutzten Hecken und schmalen Grasstreifen. Auf einer Stange hängt ein Hundekotbeutelspender. Äußerlich alles sauber und wunderbar. Was ist geschehen? Ein lebendiger Spielplatz ist verloren gegangen. Heute steigt die Familie am Parkplatz ins Auto und entlässt die Kinder an einem sogenannten Abenteuer-Spielplatz, während die Erwachsenen Kaffee trinken und zuschauen. Verglichen mit unserer Gstettn hat das rein gar nichts mehr mit Abenteuer zu tun.

So geschieht es an vielen Orten.

Menschen versammelten sich immer schon gerne auf leeren Plätzen. In Dörfern trafen sich früher die Frauen am Brunnen mitten am Dorfplatz, um Wasser zu holen. Sonntags standen die Bauersleute noch lange nach der Sonntagsmesse vor der Kirche. Von dort konnten die Männer leicht zum Kirchenwirt ausweichen, um über einem Bier die Dorf- und Landespolitik zu diskutieren. Auf Kirchenplätzen feierte man Hochzeiten und Begräbnisse. Und am Stadtplatz traf man sich beiläufig. Am Rande des Platzes reihten sich die Geschäfte, und wenn die Städter einkaufen gingen, entspann sich nebenher ein Gespräch, oder man tauschte schnell ein Gugelhupf-Rezept mit der Freundin aus.

Auch heute gibt es noch solche Plätze. Sie sind vor hundert oder zweihundert Jahren angelegt worden. Häufig finden dort Feste oder Märkte statt. Am Rande gibt es Restaurants und Cafés, und so hält man sich dort gerne auf. Es sind jedoch einige wenige privilegierte Stätten, die von Stadtverwaltungen und Parteien gerne bespielt werden. Da finden Karnevalsfeiern, Weihnachtsmärkte, Erste-Mai-Aufmärsche und Blasmusikfestivals statt.

Fluch der Einkaufszentren

Andere Dorfplätze veröden. Die Geschäfte am Dorfplatz schließen, die Dorfbewohner pilgern lieber in das nächste Einkaufszentrum. Wenn Geschäfte abwandern, überleben auch die Gaststätten nicht. Tote Auslagen starren auf den Platz, der Autoverkehr, der manchmal mitten durch den Platz führt, tut noch sein Übriges dazu. Der freie Platz war davor nie als eigene Einheit und als schützenswert wahrgenommen worden. Erst wenn er zerstört ist, merken viele, dass da etwas fehlt. Die Stadtplaner richten sich nach dem Autoverkehr und nicht mehr nach dem Bedürfnis der Menschen, einander zu treffen. Sogar in Wohngegenden werden Gehsteige immer mehr zum Stiefkind und gerade nur noch als »Platzreservoir« für mögliche Parkplätze geschätzt.

In meiner Nachbarschaft, einer Wohngegend, wohnt eine 95-jährige Frau. Sie lebt mit ihrem Hund alleine, steht oft am Gehsteig und plaudert mit einer Nachbarin. Eines Tages sprachen mein Mann und ich sie an, und es entspann sich ein nettes Gespräch. Sie erzählte uns die Geschichte unseres Hauses, angefangen von den 30er-Jahren des vorigen Jahrhunderts bis heute. Wer dort gelebt hatte, wie die Besatzungssoldaten eingezogen sind und wo die früheren Bewohner jetzt leben.

So nett das Gespräch inhaltlich war, so unangenehm war das Umfeld. Ein Auto nach dem anderen schlängelte sich vorbei. Manche fuhren sogar über die Gehsteigkante, wo wir standen, um nicht warten zu müssen. Die Motoren brummten so laut, dass wir einander anschreien mussten, um uns verständlich zu machen. Es war höchst ungemütlich, sogar gefährlich. Am Gehsteig kann man sich nicht mehr in Sicherheit unterhalten. Wiederum geht ein Ort verloren, an dem man sich zufällig, en passant, begegnen kann.

Viele Entwicklungen spielen zusammen, dass Freiräume verschwinden. Die Grundstücke und Bauplätze in den Ballungszentren werden teurer, die Autos größer und wichtiger, die Kompetenzen in der Planung komplizierter, das Sicherheitsdenken steht immer mehr im Vordergrund. Visionäre Stadtplaner rufen daher zum Schutz leerer Zwischenräume auf.

Einsame Häuser halten Monologe

Roland Gnaiger, Architekt und Universitätsprofessor, zitiert in seinen Schriften gerne ein Zitat Rainer Maria Rilkes: »Diese Bäume sind herrlich, aber herrlicher noch ist der erhabene, gesteigerte Raum zwischen ihnen.« Die leeren Plätze haben es ihm angetan. Gebäude mögen schön sein, der Platz dazwischen jedoch herrlicher. Nur, es gibt ihn immer seltener, die Stadtplaner haben verlernt, Zwischenräume ernst zu nehmen. Gnaiger mahnt, dass weltweit kaum neue Räume gebaut werden, obwohl überall dauernd neue Häuser entstehen. Für ihn stellt der Raum in seiner Leere das Wesentliche und die Essenz einer Stadt oder eines Dorfes dar. Auf einem gut geplanten Stadtplatz öffnen sich die Gebäude zur Leere in der Mitte. Ihre Eingänge wenden sich einander wie Gesichter zu, sodass zwischen den Gebäuden eine Beziehung entsteht, er nennt es ein »Gespräch«. In zersiedelten Räumen stehen die Häuser nur für sich und halten Monologe. Er nennt sie (Un-)Orte. Man findet sie überall: Gewerbegebiete, Siedlungen, die an Autobahnzufahrten entstehen, Shopping-Malls – alle diese Un-Orte monologisieren, da entwickelt sich keine Beziehung zwischen den Gebäuden. Mitunter mögen sogar leere Plätze an diesen Un-Orten entstehen. Sie sind jedoch auch Un-Plätze. Denn »die Botschaft« und die Resonanz der Häuser durchdringt den Raum und setzt ihn in Schwingung.[72] Das spüren die Menschen und lassen sich nur dort nieder, wo Harmonie ist.

Die Rückeroberung

Manchmal werden Menschen von leeren Räumen angezogen, die nicht dazu gedacht waren, Orte der Begegnung zu werden. Vor allem junge Menschen erobern sich neue freie Plätze. Vor dreißig Jahren war es tabu, sich auf städtischen Wiesen niederzulassen, doch junge Menschen haben diese Regel einfach gebrochen und sich ins Gras gesetzt. Heute stellen Stadtverwaltungen sogar Liegestühle zur Verfügung. In ihnen sitzen Studenten und lernen oder trinken ein Bier. Sogar Federballschläger oder Frisbees werden ausgepackt. So werden neue leere Räume erobert – oft gegen ihre ursprüngliche Widmung.

Was für die Planung im öffentlichen Raum gilt, spiegelt sich ebenso im privaten Raum wider. In alten Häusern und Wohnungen wurde dem Eingangsbereich viel Platz zugestanden. Das konnte ein Hof sein, eine überdachte Veranda, ein leerer Vorraum im Bauernhof oder ein großes Vorzimmer in der Wohnung. Das sind Grenzbereiche, die nicht intim und keine Familienräume sind, aber doch geschützt. Dort plauderte man einige Minuten mit dem Briefträger, ein Freund konnte geschwind ein Buch vorbeibringen, oder die Nachbarin kam einen Sprung herein, um den neuesten Dorfklatsch loszuwerden.

In neu erbauten Wohnungen ist der Eingangsbereich verschwunden, die Mäntel hängen notdürftig an der Wand eines schmalen dunklen Ganges, es ist beengt und ungemütlich. Wenn sich nicht einmal eine Person richtig umdrehen kann, dann hat man keinen Platz und auch keine Lust, eine Nachbarin auf eine Plauderminute einzuladen.

Diese Zwischenräume zwischen innen und außen werden wegrationalisiert, denn Platz ist teuer und der Vorraum scheinbar zu nichts nütze. So bleiben informelle Gespräche zwischen Tür und Angel auf der Strecke.

Wir sehen: Plätze, die zufällige und unverbindliche Treffen ermöglichen, werden seltener. Die Zeit, spontan spazieren oder zur Nachbarin auf ein Pläuschchen zu gehen, schwindet auch dahin. Wie und wo also treffen Menschen noch einander? Die meisten gehen zielgerichtet vor. Sie schreiben sich in Freizeitvereine und Hobbyclubs ein, um ihrer freien Zeit einen Sinn zu geben. Treffpunkt ist dann der Sportplatz oder das Schützenhaus. Oder sie verabreden sich in Restaurants und Kaffeehäusern. Es sind Orte, zu denen man gezielt hingeht bzw. hinfährt. Orte der zufälligen Begegnung sterben aus. Das beeinflusst die Qualität der Beziehungen. So werden private Treffen immer mehr zu Terminen, zu denen man hinhastet, weil die Zeit vorne und hinten fehlt.

Lob der Kaffeepausen

Räume in Unternehmen wie Büros und Konferenzräume werden ebenfalls funktionell geplant. Nur an einem Punkt des Unternehmens finden sich immer Menschen ungeplant ein, und das ist am Kaffeeautomaten. Was früher der Brunnen war, ist heute die Kaffeemaschine. Da tauschen sich die Mitarbeiter schnell mal aus, es wird gelacht und gescherzt. Meist ist für diese Gespräche kein Raum mit der Funktion »Austausch« vorgesehen, und so drängen sich die Menschen auf engem Platz in kleinen Kaffeeküchen zusammen.

Wenn ich ein neues Büro einrichten würde, dann wäre in der Mitte des Bürokomplexes eine Kaffeemaschine mit viel Freiraum rundherum. Von hier aus würden die Büros und Besprechungsräume sternförmig nach außen gehen. Dann würden viel mehr Arbeitskollegen miteinander reden und damit im Unternehmen einige Kommunikationswege einfach erleichtern.

Auch bei Konferenzen sind häufig die Kaffeepausen solche Zeiten, an denen die wichtigsten Gespräche stattfinden. Der Gründer von Open Space, einer Methode zur Großgruppen-

162

moderation, erzählt häufig, wie er zu seiner Open-Space-Idee gekommen ist. Er habe 1983 ein Jahr lang einen Kongress für 250 Organisationsentwickler organisiert und durchgeführt: ein gewaltiges Stück Arbeit. Am Ende wollte er von den Teilnehmern wissen, wie ihnen die Konferenz gefallen habe und was sie davon »mitnehmen« würden. Die Antwort war ernüchternd, aber folgenreich, weil sie den Ausgangspunkt seiner späteren Arbeit bildete. Alle Beteiligten waren einhellig zu dem Schluss gekommen, dass der »wirklich nützliche Teil« des im Übrigen gelungenen Treffens in den Kaffeepausen bestanden habe.

Wo zufällige Begegnungen möglich sind, halten sich Menschen gerne auf. Dort können sie entscheiden, ob sie bereit sind für ein Gespräch oder nicht. Außerdem treffen dort völlig unterschiedliche Menschen aufeinander. Auf einem Universitätscampus trifft eine Slawistin auf einen angehenden Arzt, am Stadtplatz ein Rechtsanwalt auf eine Künstlerin, auf der Gstettn der Akademikersohn auf die Arbeitertochter. Offene Räume sind eine Möglichkeit, außerhalb des eigenen Bekanntenkreises neue Menschen kennenzulernen, es ergeben sich interessante Durchmischungen und Perspektiven. Sie bieten gleichzeitig Schutz und Weite. Sie inspirieren, beleben und ermöglichen auch Freiheit. Dorfplätze, Gstettn, Parkanlagen, Hotellobbys und große Vorräume in Häusern und Bauernhöfen, alle diese Plätze haben gemeinsam, dass Menschen einander zufällig begegnen können.

Orte zum Kraftschöpfen

Nichtstun ist manchmal wichtig. Im Arbeitsalltag können wir nicht wie eine schnurrende Maschine ohne Unterbrechung laufen. Wir brauchen Pausen. Eine Pause am Arbeitsort einzulegen, ist nicht immer erholsam. In Unternehmen gibt es wenige Möglichkeiten zum Rückzug und vor allem keine Orte, an denen wir innehalten und Kraft schöpfen können.

Besonders belastend ist die Arbeit in Großraumbüros. Der Geräuschpegel ist hoch, die Konzentration auf den eigenen Aufgabenbereich wird dadurch erschwert. Unternehmen richten gerne Großraumbüros ein, um die Informationswege zu verkürzen. Allerdings brauchen gerade Mitarbeiter in Großraumbüros Orte des Rückzugs. Darauf wird selten Rücksicht genommen.[73]

Die Möglichkeit und Erlaubnis, allein sein zu können

Vor allem introvertierte und »leise« Menschen brauchen immer wieder zwischendurch die Möglichkeit, sich zurückzuziehen, das sind immerhin 30 bis 50 Prozent der Bevölkerung. Introvertierte nehmen gewöhnlich mehr Details wahr und sind daher schnell durch die Reizüberflutung überfordert. Aktivitäten im Außen bewirken bei ihnen keine positiven Anregungen wie bei Extrovertierten, sondern innerliche Unruhe. Sylvia Löhken, Expertin für Intro- und Extroversion, empfiehlt Introvertierten zwei mögliche Strategien. Sie rät ihren Klientinnen und Klienten erstens, sich innerhalb des Unternehmens zum ruhigen Arbeiten an wichtigen Dingen in leerstehende Konferenzräume zurückzuziehen. Wenn der Firmenleitung klar wird, dass leise Menschen ihre Arbeit in der Hälfte der Zeit erledigen, wenn sie ungestört arbeiten können, dann ist das meist kein Problem. Löhkens zweiter Tipp ist, für ungestörtes Arbeiten Home-Office-Tage einzulegen.

Ein Rat Sylvia Löhkens war für mich als leisen Menschen besonders wertvoll. Er betraf die Teilnahme an Konferenzen.[74] Konferenzen sind meist von morgens bis spät abends durchgeplant. Vorträge und Workshops reihen sich aneinander, zu Mittag gibt es ein üppiges Essen mit vielen Smalltalk-Gelegenheiten. Nach der Hauptspeise gibt es noch einmal Programm. Ebenso ist meist ein zusätzliches Abendprogramm zum Netzwerken angesetzt. Ich bin nach solchen Konferenzen so geschafft, dass ich danach eine Woche Urlaub brauche. Heute plane ich meinen zeitweiligen Rückzug im Voraus ein und gönne mir Zwischenräume zum Kraftschöpfen. Die unwichtigen Workshops kommen ohne mich aus, und das Dessert warte ich auch nicht ab. Da erhole ich mich lieber im Hotelzimmer.

Privatsphäre am Arbeitsplatz zählt zu den dringendsten Wünschen der heutigen Arbeitnehmer, das stellten Forscher in einer Umfrage unter 39 000 Angestellten in den USA fest. 95 Prozent wünschten sich ruhige, private Orte, 41 Prozent haben sie nicht.[75]

Neuerdings geht die Planung von Bürogebäuden auf diese Arbeitnehmerbedürfnisse ein. Eine amerikanische Büroeinrichtungsfirma hat vier Prinzipien zur Entwicklung neuer Rückzugsorte in Unternehmen aufgestellt, die alle mit Selbstbestimmung am Arbeitsplatz zu tun haben. Es sind:

- *Erstens: Die Erlaubnis, alleine sein zu können.* Garantiert wird dadurch die Freiheit, sich auf die Arbeit ohne Störungen von außen fokussieren zu können.
- *Zweitens: Die Möglichkeit, das eigene Umfeld kontrollieren zu können.* Ungebetene Besuche von Kollegen und Telefonbereitschaft gibt es nicht. Man kann außerdem Licht und Belüftung regulieren.
- *Drittens: Sinnlicher Input ist in einem ausbalancierten Verhältnis.* Akustische und auch visuelle Eindrücke können in Grenzen gehalten werden, damit man zum Beispiel ohne Lärm dem roten (Arbeits-)Faden folgen kann.
- *Viertens: Psychologische Sicherheit.* Es lässt sich ein Ort aufsuchen, an dem man ungesehen ist und wo man

andere nicht sieht. Wir fühlen die Sicherheit, die unsere Vorfahren in ihren Höhlen hatten.

In-Between-Spaces

Nach diesen vier Kriterien hat ein großes Architekturbüro in den USA fünf verschiedene Raumtypen namens »Quiet Spaces« (ruhige Räume) entwickelt. Vier haben höhlenartigen Charakter, ein Raumtyp erlaubt jedoch auch den Blick ins Grüne. Manche sind mit Schreibtischen ausgestattet, andere sind Ruheräume mit einer Couch, ein weiterer Raum gibt einer kleinen Gruppe die Möglichkeit, sich mit ihren Laptops hineinzusetzen und eine kleine Besprechung abzuhalten.

Die gleichen Architekten entwerfen auch Ruhe-Nischen in öffentlichen Zwischenräumen, zum Beispiel in Schulen und Universitäten. Diese Zwischenräume, sie nennen sie In-Between-Spaces, sind Eingangsbereiche, Gänge, also Orte mit keinen bestimmten Funktionen. Diese statten sie mit abgeschirmten Sesseln und kleinen Meeting-Zonen aus, damit man sich dort alleine oder zu zweit zurückziehen kann.

Wie wäre es mit Ruheräumen in Unternehmen auch hierzulande? Einige deutsche Banken und Unternehmen bieten ihren Mitarbeitern Zen-Seminare als Teil der Führungskräfteschulung an. Wenige jedoch stellen Meditationsräume zur Verfügung, damit die Zen-Praxis täglich vertieft werden kann. Dabei wäre genau das eine sinnvolle Fortführung der Seminare.

Ganz anders in den USA. Dort sind Ruheräume zur Meditation in vielen großen Unternehmen schon längst normal. Besonders interessant ist das Konzept der Firma Salesforce in San Francisco. Ihr CEO, Marc Benioff, meditiert seit 20 Jahren. Bei der Eröffnung führte er im Jahr 2016 stolz 30 buddhistische Mönche durch das Hochhaus. Ihr Kommentar dazu: »Überall, wo wir waren, hat jeder die ganze Zeit geredet. Das müssen Sie abstellen.« Er richtete danach in jedem seiner zwanzig Stockwerke einen Meditationsraum ein. Benioff begründete die Maßnahme so: »Jeder kann sich dort zurückziehen und das Geplapper im Kopf für einige Momente abdrehen. Wir leben in einer Wirtschaft, in der man jederzeit zur Verfügung stehen muss, deshalb ist das heute wichtiger als je zuvor.«[76]

Zur Ruhe finden durch Meditation

Und nach der Arbeit? Die meisten Menschen schalten ab, indem sie die einen Eindrücke durch andere ersetzen. Die Gedanken an den Projektendbericht weichen der nicht weniger leistungsorientierten Frage: »In wie vielen Minuten laufe ich heute die fünf Kilometer?« Oder man tauscht beim Verlassen des Büros einen Gedanken wie »Jetzt habe ich noch immer nicht die richtigen Argumente gefunden, um Herrn Müller zu überzeugen« einfach aus durch: »Was gibt's Neues auf Facebook? Wen kann ich online davon überzeugen, mich zu mögen?«

Was machen Sie, wenn Sie am Abend erschöpft aus dem Büro gehen? Gehen Sie noch schnell ins Fitnessstudio oder joggen, um das angestaute Adrenalin loszuwerden? Oder kippen Sie noch schnell in einer Bar einen Whiskey? Oder eilen Sie in den Kindergarten oder in die Schule, um ein Kind abzuholen? Oder genehmigen Sie sich ein Bier mit den Abendnachrichten? Oder verfolgen Sie neue Leistungsziele in einem Videospiel?

Abschalten ist nicht so einfach. Die inneren Jagdhunde, die uns den ganzen Tag vor sich hertreiben, machen zu Feierabend auch nicht schlapp. Den ganzen Tag sind viele von uns aktiv, da können sie auch am Abend nicht abschalten. Einen Ort aufzusuchen, an dem Sie sich regelmäßig erholen, kann ein Puffer zwischen Arbeit und Verpflichtungen zu Hause sein. Für manche ist es das Auto, besser ist jedoch ein Ort, der mit keinem Zweck verbunden ist: eine Parkbank, auf der Sie zehn Minuten in die Stiefmütterchen-Beete schauen, ein Platz, an dem Straßenmusiker auftreten. Besser wäre jedoch ein wirklicher Ort der Stille.

Viele finden Rückzug in einem Meditationszentrum. Selbst wenn sie von der Arbeit müde und ausgelaugt sind, gibt ihnen Meditation mehr Kraft zurück als jede andere »Entspannungsmaßnahme«. Niemand will etwas von Ihnen, Sie müssen nichts mehr aufnehmen, und das Gedankenkarussell kommt zu einem Ende. Indem Sie Ihrem Atem zuhören, werden Sie den Rhythmus des Lebens erkennen. Mit der weisen Einsicht, dass auszuatmen und nicht nur einzuatmen wichtig ist, kommen Sie zur Ruhe. Den Tag über atmen wir nur metaphorisch gesprochen ein, indem wir viele Reize und Informationen aufnehmen. Dadurch entsteht Atemlosigkeit. In der Zen-Praxis erleben Sie die Gleichberechtigung von Ein- und Ausatmen, von Aufnehmen und Loslassen, von Hereinnehmen und Abgeben. Nach ein bis zwei Stunden Pflege Ihrer inneren Stille können Sie gelassen und stark einem ruhigen Abend entgegensehen.

Viele Meditationsorte sind in Hinterhöfen oder sogar in ehemaligen Kirchen gelegen, wo der Lärm der Stadt weniger stört. Nur wirklich stille Orte gibt es kaum mehr. Wenn innere Stille in der Meditation auf äußere Stille träfe, dann wäre es ideal.

»Stille ist eine aussterbende Spezies«, sagt einer der wenigen akustischen Umweltschützer, Gordon Hempton. Seit 25 Jahren nimmt er die Geräusche der Natur auf, das Flattern der Schmetterlingsflügel ebenso wie das Dröhnen eines Wasserfalls und das Rattern eines Schnellzuges. Er reist durch die Kontinente wie ein Trüffelschwein auf der Suche nach Orten wahrer Stille. In den ganzen USA gibt es weniger als

zwölf Orte, die wenigstens 15 Minuten ohne menschenge-
machte Geräusche sind. In Europa gibt es keine mehr. Selbst
in Nationalparks fahren Lastwagen, werden Bäume gefällt
und abtransportiert.

Das größte Übel sind jedoch die Flugzeuge. Selbst wenn
man auf einem Berg in einer menschenverlassenen Region
steht, donnert immer wieder ein Jet über einen hinweg. Sogar
in abgelegenen Gegenden ist die Zeitspanne ohne Lärm auf
weniger als fünf Minuten geschrumpft. Die Geschwindigkeit des Artensterbens wird laut Hempton nur noch von der
Geschwindigkeit des Sterbens stiller Orte übertroffen.[77]

Stille ist die Nahrung, die wir heute brauchen
Jahrtausende lang waren die Menschen Teil der Natur. Die
Ohren haben sich parallel mit den Naturgeräuschen ent-
wickelt und haben gelernt, Rascheln, Rufe und Gesang zu
deuten. Das Geräusch des leisen Schneefalls, das Raunen des
Waldes und das Jaulen der Wölfe, von all dem sind wir Menschen ein Teil. Deshalb zieht es viele Menschen hinaus in die
Wiesen und Wälder, auf die Berge und zu den Bächen. Die
Geräusche sind uns bekannt und tun unserer Seele gut. Die
tödliche Stille eines Vakuums, in dem keine Naturgeräusche
vorkommen, ist eine alarmierende Stille wie die eigenartige
Stille vor einem Sturm. Die Stille, die wir in der Natur erleben, ist das Tor zu unserem inneren Raum. Äußere Stille öffnet unsere Sinne und verbindet uns mit allem, was rund um
uns ist. In der Stille finden wir Zugang zu unserer Quelle.

Ein Zen-Schüler kommt zu seinem Lehrer und fragt: »Was
ist der Weg?«

Der Lehrer antwortet: »Hörst du das Rauschen des Regens?
Das ist der Eingang.«

Stille und Schweigen lässt uns besser horchen. Es genügt
ein Moment der inneren und äußeren Stille, um das Wesent-

liche zu hören. Die Stille wartet auf uns, sich zu offenbaren. Die wahre Kraft kommt aus der Stille. Wir müssen lernen, still zu sein und uns in der Leere auszuruhen.

Wo können wir stille Rückzugsorte finden in dieser Welt? Hier sind einige Möglichkeiten:

In der Kirche

In Europa gewähren uns seit alters her Kirchen Zuflucht vor dem Lärm der Welt. Diese Oasen der Stille gibt es überall, von entlegenen Bergdörfern bis zu winzigen Inseln im Meer. Leider schließen immer mehr Kirchen ihre Pforten außerhalb der Gottesdienstzeiten. Ich suche oft eine Kirche auf, um zu meditieren und zur Ruhe zu kommen. Jahrhunderte lang haben Menschen in Kirchen schweigend Ruhe und Trost gefunden. Meister Eckhart hat gesagt: »Nichts im Universum gleicht so sehr Gott wie das Schweigen.«[78] Diese lebendige Stille ist in den meisten alten Kirchen spürbar. Sie müssen nicht religiös sein, um in einer Kirche sich selbst näher zu kommen. Besuchen Sie verschiedene Kirchen, um in ihre Stille hineinzuhorchen. Gibt es Unterschiede?

Im Wald

Bäume sind Wesen. Sie kommunizieren miteinander. In der Menschheitsgeschichte waren sie unser Rückzugsort und unser Versteck. Der Wald ist daher ein vertrauter Ort. Ein Spaziergang im Wald erfrischt und tut uns gut. Das wissen wir intuitiv, und die Wissenschaft bestätigt unser Empfinden von Jahr zu Jahr immer mehr. Dr. Erwin Frohmann von der Universität für Bodenkultur in Wien stellte Forschungen an, wie sich verschiedene Landschaftsformen auf den Menschen auswirken. Seine Probanden standen zehn Minuten ruhig mit geschlossenen Augen an drei verschiedenen Orten, an einem Wasserfall, im felsigen Gelände und in einem Wäldchen.

Dabei stellte er verschiedene Wirkungen fest. Am entspannendsten auf Puls und Herzrhythmus wirkte das Wäldchen, am aktivierendsten der Wasserfall. Bäume senden bis zu 40 000 Terpene aus, die dem Menschen rundum guttun. Das hat Prof. Dr. Qing Li von der Nippon Medical School Tokyo und Präsident der Vereinigung für Waldmedizin nachgewiesen. Die heilende Kraft eines regelmäßigen Aufenthaltes im Wald kann helfen, Stress abzubauen, die Blutdruckwerte zu verbessen und Krankheiten zu behandeln.[79]

Auf dem Friedhof

Friedhöfe sind besiedelte, schweigende Orte, und sie erstrecken sich über große Areale. Als ich in Tokio lebte, gab es keine Orte ohne Menschen, denn es ist eine nie schlafende, sehr laute Stadt. Nur Friedhöfe sind die stillsten Plätze kilometerweit. Ich liebte es, als ich in Tokio wohnte, entweder einen Tempelbezirk zu besuchen oder einen Friedhof, vor allem den Friedhof Aoyama. Auf einem Friedhof ist es nicht nur ruhig, sondern man wird angesichts der Grabsteine an die Vergänglichkeit der Welt erinnert und damit auch daran, was im Leben wirklich wesentlich ist.

Im Innenhof

In der Stadt sind Innenhöfe oft eine unverhoffte Quelle der Stille. Entdecken Sie Ihre Stadt neu, und erforschen Sie die oft von der Öffentlichkeit übersehenen Höfe, in denen es manches Mal Brunnen, Grün und sogar Bänkchen gibt. Besonders still ist es in Innenhöfen von Klöstern.

In den Bergen

Erwandern Sie einen Berg, der noch nicht durch Seilbahnen und Sessellifte erschlossen ist. Er muss nicht hoch sein, denn überall, wo es Leistungen zu zeigen gibt, gibt es auch Wettbewerb, und dort sind Menschen. Erschließen Sie sich die unbekannten Wege und spüren Sie nicht nur die Stille, sondern auch die Leere eines Ortes, wo Menschen gewöhnlich nicht hinkommen.

Andachtsräume auf Flughäfen

Auf Flughäfen sind Andachtsräume der einzige Hort, an dem Sie Stille finden können. Planen Sie schon im Vorhinein, wann Sie losfahren, und informieren Sie sich, wo Sie den jeweiligen Andachtsraum finden können. Manche Flughäfen haben sogar mehrere, nach Konfessionen getrennt. Auch in großen Spitälern gibt es meist Andachtsräume.

Das stille Örtchen

Im Büro gibt es meist wenige Rückzugsmöglichkeiten. Manchmal gibt es unbenutzte Räume, manchmal haben meditationsbegeisterte Manager einen Ruheraum eingerichtet. Wenn es gar nichts gibt, so erzählte mir ein Mitarbeiter, dann ziehe er sich aufs stille Örtchen zurück. Dort ist er wirklich alleine, dort setzt er sich auf den Deckel und meditiert fünf Minuten lang.

Das Auto

Einer meiner Bekannten ist Verkäufer. Vor einem Kundentermin sammelt er sich im Auto und betet. Selbst wenn draußen der Verkehr tobt, findet er so seine innere Ruhe.

Rückzugsorte sind wichtig. Manchmal ist es gut, am Weg vom Büro nach Hause innezuhalten und »Zwischenräume« einzuplanen. Halten Sie kurz an und gehen Sie in eine Kirche. Machen Sie einen Umweg und gönnen Sie sich einige Minuten in einem Park. Suchen Sie einen Teich oder Fluss und lassen Sie dort Ihre Gedanken spazieren. Suchen Sie die Stille. Achten Sie in Ihrer Umgebung auf unnötigen Lärm.

Sehr oft sind wir von unnötigen Geräuschen umgeben. Wenn Sie nach einem Tag voller Aktivität und Lärm ins Taxi steigen, dann bitten Sie doch Ihren Taxifahrer, das Radio abzudrehen. Gönnen Sie sich in Ihrer Freizeit eine Massage, dann bitten Sie die Masseurin, die Entspannungsmusik abzuschalten. Werden Sie zu einem Propheten der Stille!

8
Abschließende
Gedanken

In modernen Gesellschaften gibt es nur eine Richtung: vorwärts. Die Zeit schreitet linear voran, in der Zukunft liegt die Verheißung eines besseren Lebens. In dieser Logik sind Pausen Störzeiten und Erholung Zeitverschwendung. Die Kurve unseres Lebens zeigt scheinbar immerzu nach oben, eine Abwärtsbewegung ist nicht vorgesehen. Wir opfern bereitwillig unsere Erholungsressourcen, kappen unsere Schlafstunden, unseren Blick stetig nach vorn gerichtet. Selbst eine Burnout-Diagnose gilt nur als unliebsame Störung auf dem Weg ins Morgen, die möglichst schnell beseitigt werden sollte. Wir galoppieren durch das Leben und wundern uns, dass manchmal unsere Kräfte erlahmen.

Unser Leben gleicht einem Schwungrad, bei dem ein Rad ein zweites antreibt. Das erste Rad sind unsere Ziele, unsere Sehnsüchte und äußeren Anforderungen. Sie bestimmen das Tempo. Halten wir es an und bleiben stehen, läuft das zweite Rad noch weiter, da der Antrieb des ersten Rades nachwirkt. So wird ein Innehalten für viele Menschen unmöglich und unerträglich.

Innehalten – eine weitreichende Entscheidung

Der Zwischenraum gewährt uns mehr als nur stehen zu bleiben, um Atem zu holen. Er ermöglicht uns, die Gerichtetheit des Lebens aufzugeben, und schenkt uns den Augenblick.

Wollen Sie in Ihrem Leben dem Innehalten Raum gewähren, dann ist es eine Entscheidung. Sie entscheiden sich für Ihr eigenes Lebenstempo, und Sie entscheiden sich, keine Maschine, sondern ein Mensch zu sein. Ein Mensch mit seinen Aufs und Abs, ein Mensch mit seinen natürlichen Rhythmen, genauso wie Pflanzen und Tiere, die mitunter ungestüm aufwärts- und vorwärtsstreben und dann wieder innehalten und loslassen. So wie es Frühling, Sommer, Herbst und Winter gibt, so gibt es auch für uns Zeiten, in denen wir voller Kraft sind, und andere, an denen wir ruhen sollten. Diesen Rhythmus wahrzunehmen und sich ihm zu überlassen, hat Zen-Meister Ekiho die wahre Befreiung genannt. Wenn wir der Ruhe genauso viel Wert zumessen wie dem Tun, werden wir wahrhaft kreative Leistungen erbringen. Dafür brauchen wir jeden Tag Stunden des Rückzugs in Balance mit Stunden der Hochleistung.

Suchen Sie eine Umgebung, die leise ist, nicht nur von Geräuschen, sondern von Ablenkungen, ein Umfeld, das Sie nach innen führt. Begeben Sie sich immer wieder in Oasen der Stille.

Seien Sie mutig und entdecken Sie die Zen-Praxis. In jeder größeren Stadt gibt es Zen-Zentren. Ich freue mich, wenn Sie mich in meinem Zen-Zentrum Mishoan in Wien besuchen (www.mishoan.at).

Lernen Sie, inmitten der übergroßen Auswahl Grenzen zu setzen.

Befreien Sie Ihr Leben von Unwichtigem und betrachten Sie das Verbleibende mit einem neuen wertschätzenden Blick.

Pflegen Sie die Zwischenräume in Ihren Beziehungen und denken Sie an die A-Un-Figuren, an die Kunst zuzuhören, Redepausen geschehen zu lassen und mit diesen das Sprechen zu bereichern.

Erinnern Sie sich an die Abfolge Einatmen-Zwischenraum-Ausatmen.

Versuchen Sie sich im Jetzt-Gespräch und entdecken Sie dadurch eine neue Qualität der Begegnung.

Spüren Sie im Zweifelsfall Ihrem Atem nach. Ist er gehetzt, fühlen Sie sich atemlos? Sobald Sie sich in Ihrem Atem beengt fühlen, stimmt der Rhythmus Ihres Lebens nicht. Dann sind Sie wie mein Bruder Werner gefangen im Satz »Ich muss nur noch ...«. Dann gilt es, Tempo aus Ihrem Leben herauszunehmen. Denn Frieden stellt sich nur ein, wenn Innen und Außen im gleichen Tempo schwingen.

Lassen Sie Leere zu, damit etwas Eigenes entstehen kann, ohne Ihren Willen und ohne Ihre Planung. Nicht alles muss einen Zweck haben. Im zweckfreien Zwischenraum müssen Sie nicht nach vorne blicken, auch nicht nach hinten, da sind Sie einfach da, wo Sie sind. Er ist ein lebendiger Ort, an dem Sie frei sind. Solange Sie im Zweck leben, sind Sie unfrei, da halten Sie unsichtbare Fäden gefangen. Für ein Leben mit zweckfreien Räumen müssen Sie die Kontrolle aus der Hand geben und sich für Unsicherheit und Lebendigkeit entscheiden.

Das Land der Zwischenräume

Vor vielen Jahren lief ich in Japan einmal auf vulkanischer Erde. Die Steine waren übersät mit weißen und gelblichen Sedimenten, und sie fühlten sich heiß unter den Sohlen an. Bei jedem Schritt musste ich darauf achten, in keine Erdspalte zu treten. Aus der rissigen Erde stieg heller, heißer Rauch. Mir wurde damals so richtig bewusst, auf welch brüchiger Welt wir leben. Wir stehen auf einer dünnen Gesteinsschicht über brodelnder Lava und tun so, als ob die Welt festgefügt und kontrollierbar wäre. Sie ist es aber nicht.

Wir hasten im Alltag voran, den Blick in eine verheißungsvolle, vermeintlich sichere Zukunft gerichtet, und wir denken: »Wenn ich nur tüchtig arbeite und meine Ziele verfolge, dann wird alles gut.« Da stören Momente zum Verweilen, denn es geht nichts voran. Aber: Wenn uns der Kopf keine Pause gewährt, versäumen wir das Leben. Dann sitzen wir im Zug des Lebens, die Landschaft zieht an unseren Augen vorbei, alles geht so schnell, dass wir kaum Bäume, Gebäude und Seen erkennen können. Erst wenn der Zug stehenbleibt, nehmen wir wahr, wo wir sind.

Stehenbleiben allein reicht jedoch nicht. Innehalten ist nämlich meistens mehr, als nur »Stopp« zu sagen. Selbst wenn wir stehenbleiben, hat uns die Vorwärtsbewegung noch immer im Griff. Im Urlaub merken wir das am ehesten. Die ersten Tage wollen wir noch dieses und jenes unternehmen und möglichst alle Sehenswürdigkeiten »abarbeiten«. Da drehen sich innerlich die Räder der Alltagsgeschwindigkeit weiter. Erst nach einigen

Tagen oder nach ein, zwei Wochen spüren wir Ruhe und gleiten langsam in ein gelasseneres Zeitgefühl. Dann verlieren Kirchen und Museen ihren Reiz, und die ziehenden Wolken und an den Strand rollende Wellen rücken in unseren Blick.

Innehalten lässt sich nicht verschieben. Stehenbleiben und um sich blicken, ist auch im Alltag notwendig. Es ist ein Teil des Lebensrhythmus, ein Teil des Lebens selbst. Der Atem der Natur gibt allen Lebewesen den Rhythmus vor.

Erinnern Sie sich an Zeiten in Ihrer Kindheit, als nur das zählte, was Sie im Moment taten? Als Sie die Welt rund um sich vergaßen, weil Sie eins waren mit Ihrem Spiel? Als Sie ins Freie gestürmt sind, um mit Ihren Freunden Volleyball oder Fußball zu spielen? Wie waren doch die Schulstunden, das Geige Üben und der Besuch bei der Verwandtschaft nebensächlich angesichts des Lebens, das auf Sie wartete! Damals waren Sie Teil des Lebenstanzes und nicht Beobachter. Sie wurden nicht angetrieben, sondern lebten in Ihrem Moment. Sie lebten im Land der Zwischenräume.

Entdecken Sie dieses Land der Zwischenräume wieder. Lassen Sie Leere zu, damit Eigenes entstehen kann, ohne Ihren Willen und ohne Ihre Planung. Nicht alles muss einen Zweck haben. Ein Leben im Zwange des Zweckes hält Sie mit unsichtbaren Fäden in einem Zeitkorsett gefangen. Sie verschenken schöpferische Lebendigkeit, Gelassenheit und Freiheit.

Im Zwischenraum zählt der Moment. Er öffnet einen Raum, der, so wie er ist, seine eigene Berechtigung hat. Er ist nicht »nichts«, sondern ein lebendiger Ort, an dem Sie sich frei bewegen können.

Leben ist für mich, wie über die dünne Schicht vulkani-scher Erde zu schreiten. Gewöhnlich merken wir nicht, dass wir auf unsicherem Grund stehen. Wir richten uns in der Sicherheit ein und glauben, das Leben im Griff zu haben. Wenn wir beginnen, Zen zu üben, ahnen wir, dass unter und hinter unserer festgefügten Welt noch etwas anderes ist. In den Zwischenräumen der festgefügten Erde steigt etwas auf, geheimnisvoll, gefährlich und verlockend. Je länger wir üben, desto weiter werden die Zwischenräume. Manchmal ist es nicht einfach, dabei den Halt zu bewahren. Und doch ist da Lebendigkeit, die das Leben tiefer, bunter und reicher macht.

Das ist *ma*, das ist der Zwischenraum.

Anmerkungen

1 Eigene Wiedergabe des chinesischen Zitats.

2 Zu Anneliese Pontius' Studien siehe Jamie Talan: »Stone Age Stress«, in: Psychology Today Sept/Oct 1998 und Maggie Fox: »Ancient artists not crude, just scared«, in: The Japan Times, 2. März 1998. Tatsächlich behauptet Pontius, es wäre kein kulturelles Merkmal, denn die gleichen Ergebnisse hätte sie auch mit Patienten mit Dyslexie und mit sehr jungen Babys erhalten.

3 Für eine ausführliche Darstellung siehe: Dong-Seong Chang: Mein Hirn hat seinen eigenen Kopf. Wie wir andere und uns selbst wahrnehmen. Rowohlt 2016, S. 13–41.

4 Siehe Sigrid Hunke: Allahs Sonne über dem Abendland. Fischer 1965, S. 55 bis 56.

5 Robert Kaplan: Die Geschichte der Null. Campus 2000, S. 24–37.

6 Im 14. Jahrhundert wurde das Wort Ziffer für alle Ziffern verwendet. Daher musste im Deutschen ein neues Wort gefunden werden. Man argumentierte, dass die Null keine Zahl sei, und übernahm das italienische »nulla figura«, und somit wurde sie zur Nulla und zur Null. Die Inder hatten die 0, den Kreis, das Sinnbild für das Fehlen von etwas, das Nichts, »śunya«, »leer« genannt. Die Araber hatten den Sinn bei der Übernahme der Null wörtlich übersetzt: »as-sifr«, die Leere.

7 Kaplan, S. 122.

8 Ebd., S. 112.

9 Ebd., S. 114.

10 Ebd., S. 108.

11 Ebd., S. 112.

12 Siehe http://www.spektrum.de/quiz/wann-gelang-der-zahl-null-der-durchbruch-in-europa/606232 [zuletzt aufgerufen am 03.05.2017].

13 Die Grimm'sche Definition: »Besonders vergleichend und übertragen von einer Person oder Sache, die (wie das für sich nichts geltende Zahlzeichen 0) nichts zu bedeuten hat, ohne Gehalt, Wert und Ansehen ist.«

14 Der etymologische Ursprung des Sonnenzeichens hat etwas mit der Lautung zu tun, und es war ursprünglich der Mond gemeint. Dies ist hier jedoch nicht relevant.

15 Michael Winterhoff: Lasst Kinder wieder Kinder sein. Die Rückkehr zur Intuition. Goldmann 2013, S. 58.

16 Ebd., S. 58.

17 Nach Aussage von John Medina, Leiter des Brain Center for Applied Learning Research an der Seattle Pacific University in seinem Buch »Brain Rules«.

18 Siehe Wilson, T. D. *et al. Science* 345, 75–77 (2014), oder Matt Kaplan: »Why great ideas come when you aren't trying. Allowing the mind to wander aids creativity«, 21. Mai 2012, unter http://www.nature.com/news/why-great-ideas-come-when-you-aren-t-trying-1.10678 [zuletzt aufgerufen am 03.05.2017].

19 Siehe die Studie »*Beyond Self-Report: Tools to Compare Estimated and Real-World Smartphone Use*« von Sally Andrews, David A. Ellis, Heather Shaw und Lukasz Piwek, 28 Oktober 2015, unter http://dx.doi.org/10.1371/journal.pone.0139004 [zuletzt aufgerufen am 03.05.2017].

20 Microsoft-Studie, Consumer Insights, »Attention Spans« unter 2000 Personen in Kanada im Jahre 2015.

21 Jean M. Twenge und Stacey M. Campbell: »Generational differences in psychological traits and their impact on the workplace«, in: Journal of Managerial Psychology, Volume 23, Issue 8, 2008, Landeseite unter http://www.emeraldinsight.com/loi/jmp [zuletzt aufgerufen am 03.05.2017].

22 Die Bereiche, die das Default-Mode-Netzwerk bilden, sind: medial-präfrontaler Cortex, anterior-cingulärer Cortex, Precuneus, Hippocampus und lateral-parietaler Cortex.

23 Siehe Andrew Smart: Öfter mal auf Autopilot: Warum Nichtstun so wichtig ist, Goldmann 2014.

24 Interview mit Gerd Binnig unter www.drillingraum.de und Gerd Binnig: Aus dem Nichts. Über die Kreativität von Natur und Mensch. Piper 1992, S.122.

25 Siehe die Studien von Benjamin Baird und Jonathan Schooler, zwei Psychologen der Universität von Kalifornien in Santa Barbara.

26 Goossens RH, Work.2012;41, PubMed 22317011.

27 Siehe http://web.stanford.edu/group/hopes/cgi-bin/hopes_test/physical-exercise/#exercise-and-cognitive-maintenance.

28 Erich Fromm: Haben oder Sein. Die seelischen Grundlagen einer neuen Gesellschaft. Deutsche Verlags-Anstalt 1976, S. 57.

29 Lawrence Weschler: Seeing is forgetting the name of the thing one sees. A life of contemporary artist Robert Irwin. University of California Press 1982, S. 36.

30 Vgl. die Diskussion in Tor Norretranders: Spüre die Welt. Die Wissenschaft des Bewußtseins. Rowohlt 1997, S. 213.

31 Dazu: John Medina: Brain Rules. Pear Press 2008, insbesondere Kapitel 10 »Vision«.

32 Die genannte Messung führte Clifford Nass, Professor für Kommunikationswissenschaften der Stanford Universität, durch.

33 Andrew Smart: Öfter mal auf Autopilot. Warum Nichtstun so wichtig ist. Siehe hierzu insbesondere das Kapitel »Das abscheuliche Monster Müßiggang«.

34 »Lohnt es, sich zu Tode zu arbeiten?«, Wochenpresse, Wirtschaftswoche Nr. 17, April 1992.

35 Arbeitszeitreport Deutschland 2016 des Bundesamts für Arbeitsschutz und Arbeitsmedizin (BAuA). Dortmund 2016. Basierend auf 20 000 Telefoninterviews zwischen Mai und Oktober 2015.

36 Siehe auch: Friedhelm Boschert: Sich selbst führen und dann die anderen. Edition Bambus 2011.

37 Peter Spork: Wake up! Aufbruch in eine ausgeschlafene Gesellschaft. Hanser 2014, S. 123.

38 Ebd., S. 65.

39 Pressemitteilung der Max-Grundig-Klinik vom 4. April 2016.

40 Arianna Huffington: Die Schlafrevolution. Plassen 2016.

41 Siehe Jost Sauer: The Perfect Day Plan. Unlock the Secrets of Your Body Clock. Allen & Unwin 2009.

42 Peter Spork: Wake up! Aufbruch in eine ausgeschlafene Gesellschaft. Hanser 2014, S. 190.

43 Stanley Coren: Die unausgeschlafene Gesellschaft. Rowohlt 1999, S. 416–417.

44 Margareta Wöss: »No, das japanische Gesamtkunstwerk«, in: Österreichische Musikzeitschrift. 10/2 1955, S. 57–63.

45 DVD »Ein Leben im Zeichen des Zen« oder https://www.youtube.com/watch?v=dd8PlVOCeZ8 [zuletzt aufgerufen am 04.05.2017].

46 Kogetsu Tani und Eido Tai Shimano: Zen Wort, Zen Schrift. Theseus 1990, S. 118.

47 Das Shinjinmei wurde vom dritten Zen-Patriarchen in China, Kanchi Sosan, verfasst. Zitate aus: Rezitationen, Sutren, Texte. Edition Mishoan 2016 (Hg. vom Verein des Zen-Zentrums Mishoan, www.mishoan.at).

48 Robin Dunbar: »Neocortex size as a constraint on group size in primates«, in: Journal of Human Evolution 20 1992, S. 469–493, oder Clive Gamble, John Gowlett und Robin Dunbar: Evolution, Denken, Kultur: Das soziale Gehirn und die Entstehung des Menschlichen, Springer Spectrum 2015.

49 Ute Vorkoeper: »Kunst für die nächste Generation. Die Leere«, in: Zeit online, 26. Januar 2006.

50 Daisetz Teitaro Suzuki: Zen und die Kultur Japans. Rowohlt 1958, S.15.

51 »Japanische Kontrapunkte«, Kurt & Margareta Wöss, unveröffentlichtes Manuskript. S. 58.

52 »Stille und Spannung – Leonidas Kavakos«, in: Musikfreunde, April 2016, S. 31.

53 Stichwort »Pause«, in: »Das große Lexikon der Musik in acht Bänden«, Hg. von Marc Honegger und Günther Massenkeil, Herder 1976, Band 6, S. 227.

54 Regine Elzenheimer: Pause. Schweigen. Stille: Dramaturgien der Abwesenheit im postdramatischen Musiktheater. Königshausen & Neumann 2008, S. 22–23.

55 Kurt Wöss: Ratschläge zur Aufführung der Symphonien Anton Bruckners, Verlag von LIVA, 1974, S. 15.

56 Gidon Kremer: Obertöne. Residenz 1997, S. 188 und 222.

57 Ebd., S. 204.

58 Interview mit Riccardo Muti: »Was ist Charisma?«, Die Presse, 23. Juli 2016.

59 Joachim-Ernst Berendt: Ich höre – also bin ich. Goldmann 1989, S. 31.

60 Das Shurangama-Sutra. Übersetzt von Dr. Raoul von Muralt. Angkor 2007, S. 129.

61 Dieses Gedicht regte den estnischen Komponisten Arvo Pärt zu seiner Komposition »Arbos« an.

62 Tom Peters: Klavier Basics. Voggenreiter 2009, Kapitel E, Seite 48.

63 »A-Un« kommt aus dem Sanskrit. »A« steht für die erste, »Un« (Hum) für die letzte Silbe des Alphabets. Es deutet auf den Beginn und das Ende aller Dinge hin, schließlich auch des Universums.

64 Im Zen bezeichnet man sie als *ishin denshin.*

65 Zum Thema Sprechen und Schweigen im Zen siehe den philosophischen Aufsatz: Shizuteru Ueda, Schweigen und Sprechen im Zen-Buddhismus, in: Die Macht des Wortes. Hg. von Schabert/Brague. Wilhelm Fink Verlag, Reihe Eranos 1996.

66 Zu diesem Thema siehe auch Alexander Poraj: Enttäuschung. Eine besondere Einführung ins Zen. Kösel 2016.

67 Sekkei Harada: Zen. Erwachen zum wahren Selbst. Werner Kristkeitz 1993, S. 145.

68 Yuasa Yasuo: The Body, Self-Cultivation and Ki-Energy. State University of New York Press 1993.

69 Zum Betrachten und Vergleichen verschiedener Ensos empfehle ich das Buch: Audrey Yoshiko Seo: Enso. Zen Circles of Enlightenment. Weatherhill 2007.

70 Kazuaki Tanahashi: Brush Mind. Parallax Press 1993.

71 Manuskript »Zwischenräume«, zur Verfügung gestellt von der Autorin Ilse Helbich.

72 Roland Gnaiger: »Das Nichts ist die Essenz«, in: Die Presse, 6. Mai 2016.

73 Siehe das Interview mit Franka Ellen Wittek: »Auf individuelle Bedürfnisse wird keine Rücksicht genommen«, in: Zeit Online, 30. Januar 2015.

74 Sylvia Löhken: Leise Menschen, starke Wirkung. Wie Sie Präsenz zei-

gen und Gehör finden. Gabal 2012 und Sylvia Löhken: Intro und Extros. Wie Sie miteinander umgehen und voneinander profitieren. Gabal 2014.

75 Steelcase Workplace Survey, 2014.

76 Eugene Kim: »Salesforce put a meditation room on each floor of its new tower because of Buddhist monks«, in: Business Insider Deutschland, 8. März 2016.

77 Gordon Hempton and John Grossmann: One Square Inch of Silence. One Man's Quest to Preserve Quiet. Free Press 2009, S. 13.

78 Joachim-Ernst Berendt: Das Dritte Ohr. Vom Hören der Welt. Rowohlt 1997, S. 145.

79 Clemes Arvay: Der Biophilia-Effekt: Heilung aus dem Wald. Ullstein 2016.

Sollte diese Publikation Links auf Webseiten Dritter enthalten,
so übernehmen wir für deren Inhalte keine Haftung,
da wir uns diese nicht zu eigen machen, sondern lediglich auf
deren Stand zum Zeitpunkt der Erstveröffentlichung verweisen.

Penguin Random House Verlagsgruppe FSC® N001967

1. Auflage
Genehmigte Taschenbuchausgabe November 2021
by btb Verlag in der Penguin Random House Verlagsgruppe GmbH,
Neumarkter Straße 28, 81673 München
Copyright der Originalausgabe © 2017 Kösel-Verlag
in der Penguin Random House Verlagsgruppe GmbH, München
Covergestaltung: semper smile, München
Covermotiv: © Shutterstock/YamabikaY
Druck und Einband: GGP Media GmbH, Pößneck
mr · Herstellung: sc
Printed in Germany
ISBN 978-3-442-77143-1

www.btb-verlag.de
www.facebook.com/btbverlag

Vom Schweigen zum Reden

Aus innerer Ruhe resultieren Selbstbewusstsein und überzeugendes Auftreten. Als Zen-Lehrerin und Vortrags-Coach ist Fleur Sakura Wöss in der Meditation genauso zu Hause wie auf der Rednerbühne und gibt in diesem Buch wertvolle Tipps für den Weg vom Schweigen zum Reden.

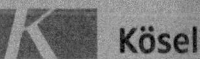 Kösel   www.koesel.de